CÓMO ADIESTRAR A TU PERRO EN POSITIVO

LA MEJOR PSICOLOGÍA CANINA PARA EDUCAR A TU CACHORRO DESDE CERO

Ben Martin

Copyright 2022 Todos los derechos reservados©
El contenido de este libro no se puede reproducir, duplicar ni transmitir sin el permiso directo por escrito del autor. En ninguna circunstancia, se imputará al editor ninguna responsabilidad legal o culpa por cualquier reparación, daño o pérdida monetaria debido a la información contenida en este documento, ya sea directa o indirectamente.

Aviso Legal:
No se puede enmendar, distribuir, vender, usar, citar o parafrasear ninguna parte del contenido de este libro sin el consentimiento del autor.

Aviso de exención de responsabilidad:
La información contenida en este documento es sólo para fines educativos y de entretenimiento. No hay garantías de ningún tipo expresas ni implícitas. Los lectores reconocen que el autor no participa en la prestación de asesoramiento legal, financiero, médico o profesional.

TEMARIO

Introducción	**7**
El alcance de la psicología canina	**15**
Principios básicos de la psicología canina	**27**
Entrenamiento básico	**35**
Consejos para educar al perro de la familia	**43**
Qué significa tener un perro dominante y reactivo	**51**
La socialización canina	**59**
Perros, niños y qué tener en cuenta	**67**
Fobias frecuentes en los perros	**75**
El entrenamiento y sus posibilidades	**83**
Tipos de adiestramiento	**91**
Razas de perros y sus características	**99**
Conclusión	**109**

INTRODUCCIÓN

Los perros domésticos son carnívoros y mamíferos y forman parte de la familia Canidae o Cánidos. Esta familia tiene como características físicas una constitución fuerte, caninos desarrollados, boca poderosa y resistente y además son dueños de una buena velocidad. En esta familia, además de los perros domésticos contienen a lobos, zorros, chacales y coyotes.

Los perros domésticos son descendientes directos de los lobos y se cree que buscaron la cercanía con los seres humanos por una cuestión de supervivencia y con el tiempo se fueron acostumbrando a su presencia, permitiendo su domesticación. En determinadas ocasiones fueron utilizados como ayudantes de cacería y como guardianes, en otras ocasiones se usaron para el pastoreo y hoy en día, en general, se los utiliza como compañía o para diferentes terapias.

Así como pasó de ser un animal salvaje a ser un animal doméstico, hubo muchas modificaciones en su alimentación. Actualmente, a aquellos perros que solamente se alimentan de alimento balanceado, se los puede considerar omnívoros ya que éstos se elaboran con verduras, proteínas y cereales.

Si se los compara con los lobos, los perros tienen un cráneo un 20% más pequeño y su cerebro es un 10% menor. También sus dientes son de menor tamaño y requieren una menor cantidad de calorías para vivir. Los alimentos balanceados y las sobras de las comidas de los seres humanos hicieron que sus músculos de la mandíbula y el tamaño de sus dientes no necesitaran un gran desarrollo. Algunos profesionales opinan que esta atrofia muscular llevó a que sus orejas estén fláccidas. La piel del perro es mucho más gruesa, por eso algunas tribus esquimales las utilizan porque son muy resistentes al desgaste y al clima propio de la zona.

Los perros tienen glándulas sudoríparas en las almohadillas de sus patas, su cola es más corta que la del lobo y se curva hacia arriba. Entre los perros de mayor estatura se encuentran el galgo irlandés y el gran danés. Entre los perros de menor tamaño se encuentran los chiguaguas y entre los más pesados se encuentran los san bernardos y los mastines ingleses. La longevidad que se les calcula depende del tamaño, los más pequeños viven mucho más que los grandes y llegan a durar unos 15 o 16 años. El perro más longevo del cual se tenga noticia llegó a vivir 29 años. La esterilización, dicen que alarga la vida, aunque en algunos casos puede acortarla. Lo que se reduce es el riesgo de contraer enfermedades, de peleas, en el caso de los machos no padecen de cáncer de próstata, en el caso de las hembras no pueden tener quistes.

El pelaje es similar al de los lobos, es decir, en algunas razas se encuentra un pelaje doble compuesto de una capa inferior suave y una superior que es más larga y fina que la primera. Estos perros son típicos de los climas fríos. En cambio, los perros que tienen un único pelaje tienen pocas posibilidades en los climas fríos. Por otro lado, algunos perros tienen un color con vestigios de sombras que plantean un patrón de camuflaje natural.

La escala de clasificación del perro respecto a las criaturas que habitan nuestro planeta es la siguiente:

- Reino: animal.
- Subreino: metazoarios.
- Tipo: vertebrados.
- Subclase: placentarios.
- Orden: carnívoros.
- Familia: cánidos.
- Género: canis.
- Especie: perro doméstico.

Su sentido del olfato está muy desarrollado, sus extremidades son fuertes, cuentan con una gran inteligencia social, son capaces de cazar en manada, aunque también pueden actuar o vivir en solitario.

A través de los siglos, las civilizaciones fueron desarrollando algunas razas. Los egipcios y sus imperios vecinos desarrollaron el Galgo, se calcula que sucedió por el año 400 AC. Los griego, por otra parte, perfeccionaron los perros rastreadores y los sabuesos. Los chinos, en sus palacios imperiales, fueron los creadores de los pequineses y los romanos fueron los impulsores de los rottweiler como animales de protección y resguardo del emperador Nerón.

En su evolución, al igual que en la evolución del ser humano, sufrieron las influencias del clima, la geografía del entorno y las sociedades que existían en esos lugares. En otros casos, se experimentaron cruces entre razas con la finalidad de obtener características únicas en su unión, pudiendo adaptarlos a trabajos específicos.

El perro cuenta con 3 tipos de músculos: la musculatura lisa, que es la que controla los movimientos de las vísceras; la musculatura cardíaca, que es la que conforma la masa del tejido cardíaco y la musculatura esquelética, que controla el resto de los músculos.

Además, dispone de un eficaz sistema cardiovascular que transporta con rapidez el oxígeno a todas las partes del cuerpo. Cuando el perro hace ejercicios vigorosos, necesita una gran cantidad de oxígeno y los sistemas circulatorio y respiratorio responden automáticamente a esta necesidad. En estos momentos, se mantiene el aporte de sangre al cerebro, el flujo de sangre a la musculatura cardíaca se cuadruplica y el flujo de sangre a los músculos del resto del cuerpo, se multiplica veinte veces. Esta capacidad de modificar el bombeo de sangre y enviarla a los lugares que más necesitan, está controlada por una serie de nervios que se contraen o relajan para que las paredes de las arterias se modifiquen.

La dentadura del perro está pensada para una dieta carnívora, para herir, capturar y sujetar a sus presas. Sus incisivos permiten morder la carne de huesos y también para asear su pelaje. Los dientes de leche aparecen entre la tercera y quinta semana de vida y entre el cuarto mes y el sexto, según la raza, aparecerán los dientes definitivos que empujan los de leche y les permite salirse.

Estos primeros dientes son aproximadamente 28 y a medida que va pasando a la adultez llegan a tener entre 40 y 42 dientes. Todas las razas son susceptibles de padecer problemas dentales y el mal aliento, siendo un problema bastante frecuente en perros de edad avanzada. El mejor remedio es la prevención que se inicia cuando aparecen los dientes por primera vez. En esa etapa hay que acostumbrar al cachorro a que se deje revisar los dientes. Se le pueden limpiar los dientes

3 veces por semana y darles juguetes de tela para que los muerdan y fortalezcan sus dientes y encías.

Las vías respiratorias están formadas por nariz, faringe, laringe, tráquea, bronquios y pulmones. La nariz está dividida en 2 cavidades o fosas que se comunican entre sí por detrás de la faringe y por un orificio llamado coana.

El tono de voz que se escucha en el perro está dado por la tensión y longitud de sus cuerdas vocales, la forma y tamaño de la nariz, boca y faringe.

El oído también cuenta con un gran desarrollo, posee pabellones auditivos muy grandes y una gran capacidad de orientación para encontrar la fuente sonora que está escuchando. Por este motivo, su percepción es muy elevada, por lo que son capaces de distinguir hasta sonidos muy suaves y lejanos. Es muy sensible a las frecuencias altas pudiendo percibir hasta 60.000 Hz frente a los 20.000 Hz que percibe el ser humano.

El tacto también tiene un buen desarrollo, sus receptores de la piel están en la base de los folículos de los pelos, en especial de los gruesos y rígidos y que al moverlos estimulan sus fibras nerviosas. Hay 5 tipos de pelos táctiles: supraciliares, en el mentón, cigomáticos, en mandíbulas y labios. Cuando se acaricia al perro en la zona de la cara, éste lo siente muy relajante haciendo que disminuya su ritmo cardíaco y la concentración de cortisol que estimula el estrés. Otra zona muy sensible al tacto es en las almohadillas con receptores infrarrojos que captan pequeñas diferencias térmicas.

La vista, contrariamente a lo que se cree, no está tan desarrollada como los demás sentidos. Por supuesto que, aun siendo poco desarrollada, es superior al campo visual humano. Debido a la ubicación de sus ojos, se reduce el campo visual que oscila entre los 250º y 290º. No se tiene un cálculo exacto de su profundidad ni distancia. Perciben con facilidad movimientos de objetos a más de 350 metros y su visión nocturna es borrosa en general. No logran un buen foco de los objetos que están a menos de 50 metros y en algunas razas se presenta la miopía.

En la oscuridad brillan sus ojos porque poseen una capa de células por detrás de la retina, que reflejan la luz que no ha sido absorbida por los fotorreceptores de la retina. Esto es lo que da el brillo característico y también una sensibilidad especial a la luz. No distinguen los colores y los científicos siguen sosteniendo que ven en blanco y negro. Esto se basa en el estudio de la estructura de la retina. En las retinas de los seres humanos hay bastoncillos sensibles a la luz de muy baja intensidad y los conos que son sensibles a los rayos de luz de determinado color. El perro posee una gran cantidad de bastoncillos, pero muy pocos conos, por eso los científicos aseguran que no pueden ver colores.

EL ALCANCE DE LA PSICOLOGÍA CANINA

"Sospecho de las personas a las que no les gustan los perros... Confío plenamente en un perro cuando no le gusta una persona."

Anónimo

En la psicología canina se intenta analizar el comportamiento de los perros y aprender a comunicarse con ellos de forma adecuada. A veces un mal comportamiento por parte del perro se origina en un malentendido en la comunicación entre la persona y su perro. El dueño de un animal tiene que entender que éste no entiende todo lo que se le dice.

El perro propio se comunica con las personas tal como lo realizan los demás perros. Por esta razón se podría decir que los malentendidos están programados. La observación de sus interacciones cotidianas, como sucede cuando dan un paseo o juegan dentro de la vivienda, son las pistas para decodificar dónde se produce la mala interpretación, tanto por parte del ser humano como por parte del perro.

Estudiar al animal desde el punto de vista psicológicos, sirve para destrabar algunos problemas como:

- Un perro que gruñe, ladra o se muestra agresivo todo el tiempo, en especial con niños, ciclistas y otros perros.
- Destroza los muebles dentro de la casa.
- Es un animal que se asusta con mucha facilidad o siente mucho miedo todo el tiempo.
- Tira con fuerza de la correa.
- No busca su higiene y se lo ve sucio y desalineado.
- Siente mucha ansiedad por la separación.

¿Qué hacer con perros agresivos? Este tipo de perro puede ser corregido y pasar a ser un animal funcional dentro de su entorno.

Algunas razas de perros, si bien no nacen siendo agresivos, tienen una tendencia mayor a ser poco tolerantes. Sin embargo, es poco frecuente que un animal muerda sin tener un motivo. Los rasgos agresivos son consecuencia de problemas de socialización, miedos, fobias, poca tolerancia a la frustración, ansiedad, una excitación en exceso, etc.

En estos casos, es importante entender que el animal tiene un problema que puede ser resuelto y que es el dueño el que está en condiciones de resolverlo. En algunos casos, puede ser consecuencia de la crianza, en otros casos, si es un perro que fue recogido de la calle, su agresividad puede ser el resultado de los traumas que vivió.

Lo que se necesita es reconocer el problema y hacer lo posible por evitarlo, antes de que se concrete y cause un problema mayor, como sería el caso de que muerda a otra persona. Si estas situaciones no se pueden resolver en el ámbito familiar, será necesario recurrir a un profesional.

Identificar las causas es el primer paso. A veces son las acciones del dueño las que influyen en su agresividad, una educación errónea puede formar un carácter del tipo reactivo, por tanto, solucionar estos pequeños problemas van a llevar a que el perro se convierta en una gran compañía.

Ver los desencadenantes de estas conductas ayudará a evitarlos e irá estabilizando el carácter del animal.

Es importante tener en cuenta que la agresividad no se desata de la noche a la mañana, sino que es el resultado de sentimientos que se van acumulando por las malas gestiones que realiza su dueño. También puede desencadenarse agresividad luego de sufrir una enfermedad que lo dejó extenuado y llevarlo a un comportamiento no deseado.

En general, el perro no tiene interés en pelear, pero su bajo nivel de tolerancia y una sensación de inseguridad no le sirven para resolver las diferentes situaciones por sí mismo.

Una correcta socialización durante su primera infancia evitará este tipo de situaciones, evitará la inseguridad porque el cachorro entenderá su lugar dentro del entorno familiar y eso hará que la inseguridad se disuelva porque está seguro del espacio que puede ocupar.

Distinguir en qué momento muestra sus dientes o gruñe, en qué momento se muestra miedoso o ansioso y así ver si esto se debe a una autodefensa porque se siente incómodo con la situación o tiene una agresión del tipo protectora, defendiendo a algún miembro de la familia de algún tipo de amenaza. Otro motivo puede ser protección de recursos como una pelea por algún objeto que considera de su propiedad.

Cuando el perro aprende que mordiendo o gruñendo aleja aquello que no quiere, ya sea porque le teme o porque lo estresa, el comportamiento se reforzará en lugar de disolverse. Puede ser que esta agresión sea la forma de desahogar su frustración, calmarlo con un tono de voz tranquilizador y las caricias suaves, en ese momento puede ser entendido por el perro como un refuerzo positivo de su comportamiento agresivo.

Una vez identificados los detonantes, se tiene que trabajar el problema como segundo paso para la resolución. No hay que minimizar el impacto de estas conductas, no deben ser tomadas a la ligera ya que, dependiendo del tamaño del animal, puede ser un verdadero peligro para el entorno familiar y para el social también. Es importante asegurarse que el perro haya adquirido las reglas de obediencia básica y que entienda las instrucciones, para que vuelva a tener contacto con los estímulos que tanto lo desestabilizan.

En un primer momento y dependiendo de la raza del perro, se le puede colocar bozal hasta tanto se resuelva el problema. Es importante consultar al médico veterinario para saber si el perro que es de tu propiedad admite bozal o qué tipo de bozal tienes que comprar. Hay razas que necesitan tener la boca abierta la mayoría del tiempo, es por eso que un bozal tapando su boca no sirve en este tipo de casos.

Cuando el perro haya aprendido a gestionar sus emociones, este accesorio no se va a necesitar. Su utilización va a ser temporal y, en lo posible, en períodos cortos de tiempo durante el día.

Para colocar el bozal y que esto no resulte una tarea titánica, lo mejor es que se habitúe a tranquilizarlo con un snacks que le guste, de modo que lo alcance solamente en el final del bozal y mientras lo coma puedas ajustarlo a su medida. Una vez colocado, se le puede dar otro snacks para reforzar.

Es importante establecer un vínculo con el animal que sea de serenidad y confianza. Los perros captan el estado de ánimo de las personas por lo que, si el dueño se siente inseguro o nervioso con respecto al animal, el perro lo sentirá y la relación estará muy lejos de ser confiable, como así también serena.

Si paseando con el perro se genera una situación de interacción que pone nervioso al animal, el dueño debe captar la situación con suficiente antelación indicándole señales de calma y buen comportamiento, antes de que se desencadene la situación de agresión habitual.

Estas medidas son de emergencia y se toman en el momento en que se percibe que el animal se pone tenso. De este modo, el dueño entiende al perro un poco mejor, entendiendo que su agresividad responde a que la pasa mal en determinadas situaciones y que solamente necesita un poco de ayuda para superar estos malos momentos.

Hay rutinas de modificación de comportamiento que ayudarán a realizar un adiestramiento específico y acondicionamiento de su carácter.

¿Qué hacer cuando los perros destrozan los muebles de la casa? Para algunos perros puede resultar un entretenimiento divertido morder todo aquello que se presenta frente a su vista, como pueden ser los muebles del hogar.

Aunque para los dueños signifique una gran desilusión o un problema serio, es importante entender que para el perro son un juguete más. Uno de los motivos por los cuales los muerde es por el hecho de querer reconocer su entorno, la falta de ejercicio físico, por placer, por estrés, por soledad y, en el caso de los cachorros, puede ser porque le están saliendo los dientes y le duelen las encías. Para resolver este problema hay que comenzar por descubrir las causas y buscar soluciones para ellas. Mientras esto sucede, hay algunos tips que pueden desalentar la rotura de muebles.

Repelentes naturales: estos repelentes son olores que le resultan muy desagradables y los alejan. Por ejemplo: vinagre, limón, pimienta roja, azufre. El vinagre y el limón se pueden rebajar con agua y los otros dos, colocarlos bien molidos y en seco. También hay repelentes que se venden en tiendas especializadas que son tan efectivos como los naturales.

Ejercicio físico: es una buena técnica de relajación el hecho de que el perro tenga una mayor actividad física. Esta es una buena forma de calmarlo, por ejemplo, tirarle juguetes para que corra a agarrarlos.

Juguetes para las encías: en algunos casos, al comprar juguetes específicos para morder se termina el problema. Muy útiles para los cachorros que sentirán mucho alivio al dolor de sus encías. Dolor que sufren mientras se le forman los dientes.

Feromonas sintéticas: si el problema es la ansiedad, existen productos que liberan feromonas y actúan como tranquilizantes. Se pueden comprar collares, sprays, enchufes, etc. Esto es de mucha ayuda para que el perro se halle más relajado y muerda mucho menos.

¿Qué se hace si el perro es miedoso? Así como hay diferencias de temperamento en las personas, también las tienen los animales. Por eso hay algunos que naturalmente desarrollan miedo sin ninguna causa. En algunos casos, el miedo que demuestra el animal tiene que ver con la crianza que se le dio. Cuando el miedo que manifiesta el perro es desmesurado ante situaciones que no deberían preocuparle como, por ejemplo: una escalera, personas que no conoce, etc., es motivo para investigar un poco más y ayudarlos a superar esta situación y se sientan más seguros de sí mismos.

En general, el miedo se manifiesta como una inseguridad que se aprecia a temprana edad. Se aprecia que comienza a retraer la cola, se pone en una posición de cautela, sus músculos se tensionan, su mirada se esconde, su cabeza baja, se agazapa, etc. Algunos jadean y se les acelera el corazón.

Los motivos pueden ser varios, desde malas experiencias con personas, errores en su educación o, simplemente, su temperamento es así. Este tipo de situaciones irán desapareciendo siempre y cuando se busque lograr una relación de confianza y así bajar el nivel de alerta que tiene el perro. Crear un ambiente tranquilo, alegre y lleno de amor con elogios, será la forma más rápida para disolver ese miedo. Hay que entender que el líder de la manada es el dueño y mientras éste sepa mantener la calma ante las diferentes situaciones, el perro aprenderá de él. Si el perro tiene miedo no sirve retarlo o hacerlo sentir culpable.

Si siempre se asustan con un determinado ruido, lo que puede hacerse es ofrecerle comida o un snacks en ese momento para que lo asocie a algo agradable. Repitiendo esta operación, el perro perderá miedo a ese ruido.

Este mismo método puede aplicarse a miedos visuales también, tratando en todo momento de quitar la presión que le ejerce ese estímulo. De esta manera, pasará de negativo a positivo por la compensación que recibe. Lo mismo sucede en los días festivos en los cuales la tranquilidad y el silencio se terminan y el perro se estresa al escuchar tanta algarabía. Si a pesar de todo lo que hagas el perro sigue siendo muy miedoso y no hubo cambios en su conducta, consulta con un profesional que te ayudará a entenderlo.

¿Qué hacer cuando tironean la cuerda con fuerza? Es fundamental que los paseos sean agradables y no una lucha de quien llega primero. Un error frecuente es pensar que, si se le coloca una cuerda al perro, éste obedecerá de inmediato. En realidad, es un aprendizaje más, como muchos otros que debe realizar.

Con paciencia se le va enseñando de a poco a que no tironee con órdenes sencillas y la utilización de premios y elogios. Retarlo solamente no es efectivo, no utilizar premios es también un error y permitirle que tire a veces y a veces no produce confusión en el animal, por tanto, la orden siempre tiene que ser la misma para lograr que el aprendizaje se realice.

Para ir corrigiendo este problema, tienes que parar cuando el perro tire. Se necesita una correa corta, un collar por supuesto o pretal, las órdenes y los premios. Las órdenes pueden ser "vamos" y "despacio".

Para que el perro esté atento se pueden hacer cambios de dirección avisando al perro con un pequeño tirón de la correa. Comienza el paseo diciendo "vamos", permite que tu perro camine y haga sus necesidades y luego comienzas con el entrenamiento. Llama a tu perro por su nombre y dile "despacio" si es que comenzó a tirar. Recuerda detenerte en ese momento. Si está haciendo todo bien, es el momento de un premio, una caricia y un elogio, no lo olvides.

Dejar de pasear al perro no es la solución, sino ser paciente y enseñarle de a poco y con constancia.

¿Cómo sobrellevar la higiene del perro? La higiene es importante porque libera al animal de muchos problemas. Por eso, si no es costumbre del animal limpiarse, es necesario que sea el dueño el que vele por su higiene y así habituarlo a la limpieza. Los aspectos fundamentales de la higiene son:

- Cepillado de pelo en forma frecuente.
- Limpieza bucal y dental.
- Limpieza de oídos con mucho cuidado, como así también limpieza de ojos también de forma muy cuidadosa.
- Corte de pelo, en algunos casos, corte de uñas.
- Prevención de pulgas y garrapatas.
- Desparasitación interna según la prescripción médica.

¿Qué hacer con la ansiedad que sufre el perro por la separación? Este es un problema que puede ser serio en algunas razas. Si el perro no se queda tranquilo cuando las personas se marchan, destrozan cosas, ladran o hacen sus necesidades dentro del hogar, es momento de asumir que el perro está sufriendo de ansiedad por separación y corregir para evitar problemas mayores. La ansiedad por separación es considerada un trastorno de comportamiento grave dentro de la etología, por lo que no hay que tomarlo a la ligera.

Se estima que un 14% de la población canina sufre este problema y afecta de forma muy negativa al comportamiento del animal y muchos de estos perros terminan siendo sacrificados por sus dueños. Es una situación mucho más grave que el estrés que puede tener el perro en algunas situaciones. Esta ansiedad le marca al animal que un peligro se está acercando, por eso comienzan a sentir esta ansiedad antes de que sus dueños se vayan.

Algunas señales que muestra el perro son: hipersalivación, sudoración, hiperventilación, diarreas, vómitos, actividad motora alterada y también anorexia, lo que significa que el perro no come hasta que no vuelva su dueño. En otros casos, se ha visto al perro automutilarse con signos de depresión muy marcados.

Esto muestra una gran dependencia del animal hacia las personas del hogar. Es una conducta adaptativa que debe modificarse por el bien del perro y para que la familia pueda irse tranquila. Para resolverlo, es necesario recurrir a un profesional que analice el caso en profundidad.

PRINCIPIOS BÁSICOS DE LA PSICOLOGÍA CANINA

"Un perro te enseñará amor incondicional. Si puedes tener eso en tu vida, las cosas no serán tan malas."

Robert Wagner

Durante milenios el perro ha sido una excelente compañía para los seres humanos. Los ayudaron a buscar su alimento, cazar animales, proteger el hogar, jugar con niños y muchas cosas más. Pero para lograr que la relación sea funcional y fluida es fundamental entender y comprender la psicología que impera en los perros.

Muchos dueños se quejan de que su perro no les hace caso, que no acuden al llamado o tienen malas conductas. En general es porque las personas no conocen los principios básicos de la psicología canina.

Con el paso del tiempo, el perro aprende palabras y llega a entender lo que los dueños piensan, como así también son susceptibles a sus problemas de depresión o comportamiento compulsivo.

Además, los perros tienen mentalidad de manada por lo que, para ellos, siempre existirá un alfa que está en la cima de la jerarquía y los demás obedecen. Esto es importante porque hay perros que buscarán ocupar ese lugar y, desde esa posición, tratarán de recibir la obediencia de los demás, es decir de los miembros de la familia.

La base fundamental de toda relación, tanto entre personas como entre personas y animales, es el afecto y, como consecuencia, la confianza. Con estos dos elementos básicos se inicia la relación social y desde allí los primeros entrenamientos y entendimientos entre el perro y su dueño.

Desde la relación con su dueño, el perro organiza la relación con el resto de los miembros de la familia y también con los que conforman su entorno natural y social. Los lazos que se desarrollan con el dueño son fundamentales en este sentido.

Así como el perro entiende algunas palabras que le dice el dueño, él se hace entender sin palabras con su tipo particular de lenguaje que incluye expresiones de lenguaje corporal y algunas señales sonoras. Estas señales son muy claras cuando la persona las entiende y les da el lugar que corresponde. Con ellas puede saber si su perro está relajado o tenso, si algo le agrada o le disgusta, etc. También el perro se hace entender cuando quiere jugar, pasear o quedarse a dormir. Así comienza una socialización que resulta ser de ida y vuelta tanto para el perro como para su dueño. El perro entiende cuál es su lugar y se siente seguro con ello, lo que llevará a que no se sienta amenazado en su espacio y acepte la comunicación con otros animales y con otras personas también.

Tener un perro sano es tener un perro que puede socializar con todo ser que se le cruce en su camino y así el animal será seguro y confiable tanto para la familia como para los demás, cualquiera sea el ambiente al cual se lo lleve, es decir, conocido o desconocido.

Además, esta relación es la que ayuda a establecer la jerarquía que necesita el animal para organizar su mundo y su espacio.

Otro punto que es importante considerar a la hora de analizar su psicología, es el pasado que ha tenido el animal. Cuando se trata de un animal que se rescata de una situación traumática, es lógico que ésta deje marcas en él. El animal tiene conductas que están muy lejos de ser las ideales o las que se necesitan para una vida en sociedad. Por tanto, es necesario que aprenda o entienda que esa situación a la que estuvo sometido, ya se terminó y no se volverá a repetir. Otros problemas de conducta derivan de problemas de salud que pueda tener y que irriten su carácter.

Por eso debe entrar en juego la comprensión hacia el animal y todos sus aspectos. También el desarrollo de la comprensión del animal hacia lo que se le está solicitando. Si el perro no alcanza a comprenderlo es lógico que no responda o no responda de forma esperada.

Por ejemplo: Si se pone a un perro con un obstáculo delante separándolo de su comida o su dueño, él intentará franquear dicho obstáculo por el camino más corto. Si no puede hacerlo, dará vueltas hasta tratar de conseguirlo, valiéndose de su experiencia anterior. Hay un intento de probar aquello que le dio resultado en el pasado.

La inteligencia que tiene el perro se basa en su experiencia de éxito y fracaso. No es una inteligencia que sea creadora como podría ser la del ser humano, sino que se ajusta a la memoria de sus experiencias. Tampoco reflexiona sobre cómo realizar lo que todavía no consigue, sino que actúa y va aprendiendo a medida que avanza en la resolución del problema. Cuando un perro se extravía, para poder volver pone en funcionamiento todas las posibilidades que sus sentidos le ofrecen, además de buscar los objetos del camino que le sean familiares.

Todas estas posibilidades son las que se deben tener en cuenta cuando se trata de entrenar a un perro. Por eso, hay que considerar que el perro no se va a educar sin ayuda y tampoco hay que esperar que en un día aprenda todo o realice un único aprendizaje exitoso en una hora. Siempre se necesita tiempo y constancia, además de paciencia y actitud positiva.

Bajo presión o en un clima negativo, no se puede esperar que el perro tenga una aprendizaje eficaz, divertido, de afianzamiento de la confianza entre él y su dueño. El aprendizaje se basa en la repetición de una o dos órdenes y cuando éstas son aprendidas se pasa a otras. No puede esperarse que el perro aprenda todas las órdenes juntas. No realices comparaciones entre el aprendizaje de tu perro y el que realizan otros perros. Cuanto más tiempo dediques a su educación, más fácilmente esto sucederá.

Otro punto que no debe descuidarse es el de los horarios. Parecerá un poco tonto, pero al perro le gustan las rutinas y cuanto más estrictas mejor las entenderá. El reloj biológico que tiene un perro es muy puntual y estricto a la hora de comer, hacer sus necesidades, pasear, jugar y dormir. Si se lo saca de estos tiempos bien marcados, es probable que se muestre ansioso o nervioso. Cuando el perro sigue sus rutinas de forma milimétrica, se transforma en un animal equilibrado que responde muy bien a todo lo que se le enseña porque sabe perfectamente lo que se espera de él. Pero si su vida se transforma en un caos, su temperamento también cambiará y se sentirá desorientado porque no sabrá los motivos de los cambios.

Por otro lado, y considerando que el perro necesita entender que el dueño está conforme con lo que realiza, es importante premiar los buenos comportamientos. De este modo, no quedarán dudas para el perro de que hizo lo que se le ordenó. Los refuerzos negativos no se recomiendan porque son generadores de resentimiento que, en un futuro, pueden asomar en conductas agresivas. Cuando un perro asocia un premio a una determinada conducta, no dudará en repetirla. Pero si recibe un refuerzo negativo, cuando el dueño le indique una determinada conducta, el perro dudará y sentirá desconfianza.

Por eso, los castigos cuando el perro no hace lo esperado, deben desaconsejarse y no aplicarse jamás.

Un error frecuente que se comete es el de retar al perro una vez que realizó la conducta. Si vas a retarlo, tiene que ser mientras está realizando la conducta y no después porque es casi seguro que no lo va a entender. Por eso, todos los miembros de la familia tienen que aunar criterios y respetarlos a la hora de interactuar con el animal. Estas desavenencias suelen ser comunes porque hay miembros de la familia que quieren ver al perro en el sillón y otros no. Entonces le permiten subir cuando el que dice que no, no se encuentra presente. Esto es un grave error a la hora de educar a un perro y trae malas consecuencias porque el perro no tiene razonamiento tal como lo tienen las personas.

Por otra parte, también recuerda que el perro necesita actividad física y muchas veces se muestra intenso en sus requerimientos porque esta actividad no es suficiente para su gran volumen de energía que necesita gastar. Por otra parte, si el perro no es muy enérgico, acostumbrarlo a una vida sedentaria no es beneficioso para su salud. Por tanto, el ejercicio físico debe ser parte de la rutina diaria del animal.

Actividad física significa correr, jugar, saltar y todo aquello que lo lleve a quemar calorías y a cansarlo. La actividad física no es solamente salir a caminar y hacer sus necesidades.

La alimentación también tiene que ser cuidada y controlada. Si no tienes experiencia en lo que significa alimentar a un perro, consulta al veterinario para un buen asesoramiento. Esta alimentación dependerá del perro que tengas, no todos se alimentan de la misma manera ya que sus necesidades no son las mismas.

ENTRENAMIENTO BÁSICO

"El mundo sería un lugar más agradable si todos tuvieran la capacidad de amar tan incondicionalmente como un perro."

M. K. Clinton

Lograr que el perro del hogar tenga los aprendizajes básicos, tanto cuando está dentro de la vivienda como cuando transita en la vía pública, es importante. Esta enseñanza inicial será la que organice aprendizajes más elaborados si es que la familia quiere dárselos. Esa será una decisión familiar, de acuerdo a lo que se espera del perro de la familia.

Para este entrenamiento se necesitan algunos accesorios muy prácticos. Ellos son los siguientes:

- Un collar de género o cuero, que sea ancho y suave, pero a la vez resistente.
- Un arnés que ajuste el cuerpo y la correa tanto en el pecho como en la espalda.
- Una correa que tenga 2 metros de largo y otra que disponga de 5 metros para la exploración del canino.
- Un bozal del tipo canasto porque le permite tomar agua y también respirar sin dificultad. No conviene que el bozal cierre la boca porque no podrá respirar libremente.
- **Reforzadores positivos:** snacks, comida, golosinas, juegos, pelotas, frisbee, etc.
- Los juegos, las caricias y las palabras cariñosas también se toman como reforzadores positivos.
- Un clicker que pueda marcarle que lo que está haciendo es correcto.

Es fundamental tener presente que las prácticas se tienen que llevar a cabo todos los días en sesiones cortas que pueden variar de 4 a 10 minutos. Si al principio los resultados no pueden verse claramente, es necesario continuar insistiendo para que poco a poco, el perro vaya entendiendo lo que se le solicita. Un detalle a considerar es que el lugar de entrenamiento tiene que tener las menos distracciones posibles para que el animal se concentre en lo que se le está diciendo.

Primer entrenamiento: el perro aprende que es llamado por su nombre y tiene que prestar atención. Para que aprenda el nombre, se coloca la persona a una pequeña distancia y se le llama por el nombre solamente y cuando se acerca se le da un premio. En este caso, no conviene que el premio sea comida, porque si no, cada vez que lo llamen, tendrás que tener comida disponible. Este pequeño entrenamiento se puede realizar varias veces al día. Luego, el mismo juego se utiliza para darle la orden "atención", para que se disponga a realizar lo que se le va a solicitar luego.

Segundo entrenamiento: en este entrenamiento el perro aprenderá a tomar lo que se le pide. La forma de enseñarle es tirando comida, que el perro vea al principio donde cayó y, en ese momento, se le da la orden "toma" acompañado por el clicker. Al lograr esta acción, se le pide que venga con el dueño llamándolo por el nombre y la orden "ven". Por ejemplo: si el perro se llama Thor, se le dice "Thor, ven". Cuando realiza la acción se lo premia con palabras de cariño que también puede incluir un premio adicional o no.

Tercer entrenamiento: el perro aprende a sentarse a partir de una orden sencilla como "sentado" o "sit". Que el canino aprenda a sentarse es una forma de evitar problemas y que también se ponga en peligro. Cuando se espera, tanto en la calle como en algunas oportunidades dentro del hogar, es una forma de evitar que el perro tenga comportamientos no deseados. Puede enseñarse de la siguiente forma:

- Se coloca un premio en la punta de la nariz del perro y se lo mueve en dirección a sus ojos. En forma casi instintiva, el perro bajará la cola y la irá apoyando en el suelo. Cuando esto suceda, es el momento de darle el

premio. En forma simultánea se le dice "sentado" o "sit", acompañado del sonido del clicker para reforzar.
- Lograda la acción de sentarse, se le da la orden de pararse con la palabra "arriba" o "up". Las órdenes cuanto más cortas resultan más efectivas, por eso la utilización de palabras como "sit" o "up". Pero es importante que una vez que se eligen las palabras que actúan como órdenes o comandos, no se modifiquen.

Si durante este trabajo, en lugar de sentarse comienza a caminar para atrás, se quita el premio de la nariz y se vuelve a comenzar todo el trabajo de nuevo. Es importante tener paciencia y ser perseverante en la enseñanza porque no todos los aprendizajes pueden resultarle sencillos o fáciles de adquirir. De a poco, el perro irá entendiendo lo que se le pide y va a realizar las acciones sin problemas y, en esos momentos, se comienza a quitar los premios.

En prácticas posteriores, el perro responderá sin problemas a las órdenes verbales y los premios serán palabras de cariño y felicitaciones por sus acciones. Cuando se llega a este punto, también es necesario seguir repitiéndolo varias veces al día para que quede grabado en el animal como uno de sus hábitos. Conviene también utilizarlas antes de salir a dar un paseo, así el perro lo relaciona con situaciones placenteras que vienen a partir de allí.

Cuarto entrenamiento: en este aprendizaje el canino aprenderá a echarse y quedarse el tiempo necesario, con el comando "echado" o "down". Esto puede ser útil para que el animal se tranquilice luego de haber estado jugando o cuando se halla alterado por algún motivo en particular. Para enseñar esta acción, se pueden seguir los siguientes pasos:

- Cuando el canino se encuentra sentado, se logra su atención con un premio en la mano y tocándole la nariz. Es casi seguro que el perro seguirá el premio y si se va bajando, terminará echándose en el piso. En este caso, como en el anterior, si el perro no lo realiza se comienza de nuevo todas las veces que se requiera.
- El premio se va llevando hacia el piso cerca de su pecho y entre sus patas. Al finalizar este recorrido, el perro tendrá que estar echado en el suelo.
- Si se encuentra sentado y mueve la cabeza hacia abajo, estará pronto apoyando sus codos y allí también se lo puede premiar o felicitar. Si su cola quedó arriba o la fue levantando en el proceso, es necesario comenzar todo otra vez.
- Cuando va logrando la posición se le dice la palabra "echado" o "down" y se utiliza el sonido del clicker para reforzar. Al lograrlo se lo premia tanto con premios como con palabras o caricias.

Si, en lugar de echarse, comienza a caminar es probable que haya que acercar mucho más el premio a su nariz y luego a su pecho para guiarlo mejor. También puede utilizarse un banco para realizar este aprendizaje y hacerlo debajo de él. En caso de que se distraiga mientras se está tratando de realizar el aprendizaje, es necesario que le dé una lamida al premio o se lo cambie por uno que le interese mucho más. De este modo, se volverá a captar su atención.

Cuando lo haya aprendido, se lo guiará para que se eche con el comando elegido y sin la necesidad de utilizar un premio. No hay que olvidar que el perro siempre espera recibir palabras agradables, entusiastas y cariñosas de su dueño, por eso, utilizarlas cuando realiza una acción en forma correcta es el momento ideal para usarlas.

Las palabras comando deben estar presentes siempre porque son las que reemplazarán a los premios que se están utilizando. Si se quita el premio y no hay nada que lo reemplace, el perro se sentirá desorientado y tal vez no entienda lo que se le pide.

Cuando tenga realizado estos aprendizajes, es momento de utilizarlos en forma combinada para que queden grabados en su memoria y los utilice sin problemas. En este punto de aprendizaje es aconsejable que se realicen estas prácticas varias veces al día y no solamente en el momento del aprendizaje. También es importante probarlo en diferentes ambientes para que se acostumbre a obedecer siempre.

Quinto entrenamiento: el animal tiene que aprender a tranquilizarse luego de una actividad que requirió movimiento y ejercicio físico. También hay varias situaciones que se pueden presentar durante las caminatas, en las cuales tal vez necesite tranquilizarse. Esta opción también es válida cuando no se tiene otro comando para darle al perro. También resulta de utilidad si vas por la calle y te encuentras con un conocido y te paras a conversar. En ese momento, el perro tiene que permanecer tranquilo. Se puede enseñar este comando de la siguiente forma:

- Se empieza cuando el perro está sentado o de pie en espera.
- Al decirle el comando "tranquilo" y al calmarse se lo premia y se repite en caso de que el perro se quiera mover. El tiempo que se mantenga al animal bajo este comando, debe ir creciendo de a poco. No se puede esperar que de un momento para el otro lo obedezca por más de 20 segundos.
- Luego se cambia el lugar y se repite el ejercicio.
- También, cuando se nota que el perro lo entendió se cambia de escenario para que siempre obedezca.
- Es positivo que el dueño se encuentre relajado para que el perro realice el aprendizaje de la misma manera.
- Si no se tranquiliza se puede pisar la correa sin llegar a tensarla para que note que hay un cambio en lo que se le pidió.

- Al finalizar hay que recordar darle un premio.

Sexto entrenamiento: en este aprendizaje, el perro podrá ser enviado a un lugar seguro para que entienda que ese es el lugar en el que tiene que estar mientras está dentro del hogar. Se le puede pedir que vaya a su lugar cuando hay invitados, mientras se cocina o se está comiendo, etc. Puede enseñarse de la siguiente forma:

- Parado en frente del perro, con un premio en la mano, hay que dirigirse al lugar seleccionado para él y diciendo "a tu lugar", se le tira un premio para que vaya allí.
- Para que salga de su lugar, solamente se lo llama por su nombre.
- Este procedimiento habrá que repetirlo hasta que el perro lo entienda bien.

CONSEJOS PARA EDUCAR AL PERRO DE LA FAMILIA

"Cualquiera que no sepa qué sabor tiene el jabón, jamás ha bañado a un perro."

Franklin P. Jones

La decisión de tener un perro en el hogar y compartir con él las vivencias familiares, no es tan simple como parece a primera vista. Es que esta decisión incluye muchos temas a la vez: el cuidado, la higiene, el tiempo que hay que dedicarle, el entendimiento en cuanto a los diferentes temperamentos y el lugar que deberían ocupar. Todos estos puntos deben ser analizados con cuidado antes de tomar la decisión de adoptar un canino y tienen que tener el consenso de toda la familia. Es fundamental que todos en la familia entiendan la importancia de la coherencia en las órdenes que se le van a enseñar al cachorro.

Las ventajas se verán desde que el perro llegue al hogar: la fidelidad, el amor incondicional, el tiempo de juego, la compañía, etc. Pero cuando comienzan aquellas cosas que no están dentro de lo previsto, empiezan los problemas y muchos de estos animales terminan siendo abandonados en la vía pública por la falta de compromiso con la tenencia, por no tener tolerancia a aquellas cosas que resultan molestas, por no tener tiempo suficiente, por no tener constancia en educarlo, etc. Cuando se vive en un lugar pequeño o en un departamento, es necesario tener tiempo para pasearlo por lugares donde haya un poco de naturaleza para que juegue, haga ejercicios, gaste su energía.

Dentro del hogar tiene que haber un lugar que sea para el perro, con sus cosas, su alimento, su agua y pueda descansar allí.

Es fundamental entender que tal vez llore de noche, que elija morder un sillón, que prefiera la alfombra para sus necesidades y la cama de uno de los niños para dormir a la noche. Es importante saber que todas estas cuestiones pueden ser resueltas con dedicación, paciencia, amor y tiempo de intercambio. Si se adopta un cachorro que recién ha sido separado de su madre, es lógico que llore o se lamente. Por tanto, habrá que recurrir a diferentes artimañas para que el cachorro acepte su nueva situación y comience a adaptarse.

Si se acostumbra al cachorro a salir a hacer sus necesidades, tanto de día como de noche, en poco tiempo se habrá adaptado y habrá que salir cada vez con menos frecuencia porque el perro irá regularizando sus deposiciones. Cuando esto suceda, hay que premiarlo con caricias y palabras de cariño.

Luego vienen los problemas de dentición y su necesidad de morder todo el tiempo todo aquello que esté a su alcance. Hay juguetes y elementos a los cuales recurrir para que no rompa aquellos que la familia no desea. Otra costumbre que puede terminar siendo molesta para los dueños es la de saltar sobre ellos. Mientras es pequeño parece importar poco, pero a veces al crecer se transforman en animales de gran tamaño y el hecho de que salten encima de sus dueños pasa a ser problemático. Esta costumbre se quita desde pequeño, pisando un poco su pata trasera cuando intenta abalanzarse. En pocos días dejará de hacerlo.

Otra de las habilidades que tiene que desarrollar el perro, es la de obedecer cuando se lo llama. Esta es una regla de seguridad en la calle porque es muy probable que comience a caminar y correr siguiendo a otras personas además de los dueños. Las legislaciones en casi todos los países piden que los perros caminen con la correa correspondiente, pero los cachorros necesitan aprender de las dos maneras, con y sin correa, entendiendo que su lugar está al costado de su dueño. En este punto hay que considerar qué tipo de carácter tiene el canino.

Este tema hará que sea más sencillo el aprendizaje o no y, por supuesto, entrará en juego la paciencia que se le tenga.

Siempre es importante recordar que las reprimendas tienen que ser las mínimas posibles, aconsejándose las palabras cariñosas y los mimos. Retarlo cuando regresa de su huida no es una buena idea porque puede ser malinterpretado por el cachorro. Al contrario, se lo debe recibir con alegría por haber regresado y así el cachorro va a querer estar más tiempo con sus familiares y no paseando solo.

Conducir al animal con la correa es una de las primeras fases de la educación básica. Las correas pueden ser metálicas, con manijas, de cuero liso o trenzado y las modernas de fibra sintética que se alargan a voluntad y se recogen a través de un mecanismo especial. Algunos cachorros lo entienden con facilidad y se adaptan de maravilla a la correa. Otros se ponen nerviosos y no quieren pasear con correa. Este último caso, se convierte en un problema. Pero este problema tiene solución, por lo que no hay que desesperarse. La paciencia y la persistencia, además de los buenos tratos hasta que el cachorro entienda que el que da las indicaciones es el dueño, darán el resultado que se busca.

La educación del perro que se tiene en el hogar puede finalizar con los aprendizajes básicos. Pero es importante entender que si los dueños quieren seguir entrenándolos pueden hacerlo sin problema porque siempre responderán a nuevos aprendizajes. En cuanto a los aprendizajes anteriores no hay que olvidar que necesitan de la práctica para que no sean olvidados.

Con el nombre de "Pruebas de obediencia", se entienden una serie de ejercitaciones sencillas, según el carácter del animal. Es conveniente comenzar con estos aprendizajes cuando el cachorro pasa los 3 meses de edad, aunque algunos especialistas dicen que es conveniente comenzar recién al año. Es importante diferenciar entre aprendizajes elementales y entrenamiento específico con objetivos para comportamientos condicionados más estrictos.

Si se le deja al cachorro hacer lo que quiere hasta el año y luego se le empiezan a exigir comportamientos, es muy probable que no entienda lo que está pasando. Por eso, de a poco y con mucho cariño, es importante que vaya entendiendo que hay cosas que se le van a pedir. De este modo, comenzar a los 3 o 4 meses con lo básico no es una mala idea y serán los pilares de los próximos aprendizajes. Que el perro reciba entrenamiento no significa que se actúe con él de forma despótica y a capricho del dueño. Sino disfrutar de una relación sana, confiable y segura, además de tener un elevado sentido de respeto por sus necesidades.

La posición "en marcha" con la correa puesta, es el punto de arranque de la etapa. Durante el paseo, es posible que dé tirones por lo que es importante insistir en que permanezca siempre junto a la pierna izquierda de la persona. Es importante que ninguno tropiece por lo que tanto el perro como el dueño, tendrán que llevar su cabeza en alto.

En la posición sentado, se acompaña apoyando la palma de la mano en los cuartos traseros del perro, con firmeza, pero sin obligarlo a sentarse, mientras se repite la orden. Al principio tratará de levantarse antes de lo esperado, pero si se es coherente y seguro al dar las órdenes, el cachorro en poco tiempo entenderá. Para que el perro se eche es el mismo principio, hasta que aprenda lo que se llama posición esfinge.

Estos ejercicios simples y sencillos que el perro va aprendiendo, deben repetirse por lo menos dos veces al día con una duración de 5 minutos cada sesión. Como ya hemos dicho, perseverar y tener paciencia son los ingredientes principales para el éxito. De a poco, estos aprendizajes serán parte de sus hábitos y se irán perfeccionando a medida que el animal crezca.

La obediencia sin correa a la llamada del dueño es un escalón superior a los aprendizajes anteriores. Mientras dure este aprendizaje, el perro va a necesitar momentos de esparcimiento para lograr la atención que necesita a la orden que se está tratando de incorporar.

Entonces se va combinando el juego libre con la llamada que se eligió para ese comando. Siempre debe acompañarse del nombre del perro. Por ejemplo: Thor, ven acá. El mecanismo de recompensas es el más efectivo, también para este aprendizaje. La desobediencia puede corregirse ya sea con un poco de agua dirigida a su cara, pero no hay que olvidar que la perseverancia y paciencia es lo aconsejable en todo momento. El temperamento del animal saldrá de vez en cuando y es conveniente enseñarle a controlarlo, sobre todo si se trata de animales que naturalmente tienen poca tolerancia. Es por eso que el castigo puede ser contraproducente y debe pensarse bien si conviene ser usado o no.

¿QUÉ SIGNIFICA TENER UN PERRO DOMINANTE Y REACTIVO?

"El amor de un perro puede hacer que incluso los peores días sean un poco mejor."

Anónimo

A veces se escucha la expresión "mi perro es dominante" cuando los dueños se refieren a su perro y quieren mostrar su característica más significativa. Es una equivocación utilizar esta palabra como una cualidad porque cuando se habla de dominación o sumisión está haciendo referencia al tipo de relación que hay entre dos seres. Al observar el comportamiento del perro con respecto a otros perros y las personas de la familia, puede llegar a decirse que el perro tiene la tendencia a buscar dominar según su voluntad las situaciones. Para entender en una manada las relaciones de dominancia o sumisión hay que observar sus interacciones por un período de tiempo considerable. De este modo, se aprecia la jerarquía que hay en los grupos.

También de la observación se puede llegar a la conclusión que, entre los perros de la manada, existen determinados gestos, miradas y códigos que se ponen en juego para evitar luchas innecesarias. Gracias a ello, se mantiene un cierto equilibrio o una cierta armonía, mientras no haya algún miembro que se salga de estos códigos y busque ser el que domine, creciendo en su jerarquía.

De la observación simple y la decodificación del comportamiento, se aprende qué tipo de relación quiere establecer el canino que llegó a la familia. Tener un buen entendimiento de él llevará a evitar situaciones que compliquen la convivencia como cuando los dueños dicen "el perro me mordió sin motivo".

Entender el lenguaje de los perros y su tendencia natural, va a facilitar la construcción de una buena relación con todos los miembros de la familia. Otra frase que es frecuente es "hay que someter al perro" y ésta expone un criterio de crianza que, a la larga, puede traer dificultades. Es necesario asumir la responsabilidad de la tenencia con una actitud inteligente y que beneficie tanto al perro como a los dueños. No hay que dejar de lado el hecho de que a la familia se incorporó un nuevo miembro que tiene características propias que merecen ser respetadas.

Por otra parte, como ya dijimos, el temperamento del animal sale a la luz en sus actitudes, hasta que él mismo aprende a controlarse. Este es todo un aprendizaje, sobre todo, con aquellos que tienen una naturaleza reactiva. Un perro que es reactivo es aquel que cuando se le coloca la correa, comienza a comportarse de forma incontrolable. Actitud que también asume frente a algunas personas, otros perros o determinados escenarios que incluyen autos, motos o bicicletas.

Como lo explican algunos expertos: un perro que es reactivo responde de forma desordenada y exagerada con una intensidad y una duración que está fuera de proporción. Aunque las manifestaciones suelen impactar a sus dueños, se debe buscar el origen siempre que aparezca esta conducta. Suele decirse también que el animal no aprendió a autogestionarse en situaciones que lo desequilibran.

¿Por qué un perro asume este comportamiento? Las causas pueden ser variadas, además del temperamento natural del animal, la falta de una socialización temprana, los miedos o fobias, su ansiedad, una educación poco consistente o basada en castigos, una sobreexcitación, etc. El canino siempre va a querer alejarse de esta situación. Es importante tener presente que el hecho de ser reactivo no implica que sea agresivo. Pero habitualmente se le da el mismo tratamiento. Porque una reacción reactiva puede ser vista como la antesala de la mordida del perro. La diferencia, en estos casos, radica en cuáles son los aprendizajes que hizo el perro. Si éste entendió que alejar la situación implica morder, entonces sí se está frente a un problema y a algo que llevó a ser un refuerzo negativo. Pero si éste entiende que la actitud de reacción solamente alcanza para alejarse, entonces no hay probabilidades de que el perro muerda y sí se pueden buscar refuerzos positivos que eviten llegar a algo más serio.

El problema siempre es la falta de entendimiento. Los dueños tienen que aprender qué es lo que el perro quiere y necesita. Cuando esto no sucede, los integrantes de la familia comienzan a probar diferentes opciones para corregir como tirar de la correa, someterlo o aplicar técnicas de educación con refuerzos positivos. Esta última opción es la que se aconseja y, si no se sabe por dónde comenzar, siempre es posible consultar con el veterinario para que realice un diagnóstico y se pueda planificar a partir de allí su aprendizaje.

Siempre hay que pensar cuál es la mejor opción antes de llevarla a cabo para que no se agraven los problemas y se incremente el estrés o el malestar del animal. De ser posible, hay que evitar que el perro vuelva a estar sometido a ese estímulo que lo hizo reaccionar, al menos hasta que se haya trabajado la obediencia en forma relajada y con refuerzos positivos.

Una vez que se ha logrado este nivel de aprendizaje, se comenzará a probar al perro con diferentes estímulos llevándolo de a poco a esas situaciones que lo estresan. Una vez que el encuentro comienza a producirse, es indispensable distraer al perro con algún premio, en especial uno que le guste mucho y prácticas relajadas de obediencia. Pasado el estímulo, el animal comenzará a entender que puede reaccionar de otra forma frente a lo que lo atormentaba. Estos trabajos se llaman de desensibilización y contracondicionamiento y, en líneas generales, son laboriosos y llevan mucho tiempo, por lo que hay que tener una gran paciencia y perseverancia.

Si todos los días se realizan estas prácticas, se puede reducir cada vez más la distancia entre el estímulo y el canino.

Algunas muestras reactivas que son las que marcan la alerta en los dueños son: ladrar en exceso, gruñir, correr de forma desbocada hacia otros perros u otros estímulos. Cuando se adopta un cachorro, es fundamental una correcta socialización para evitar estas reacciones. Una mala experiencia en este sentido puede despertar estas conductas reactivas y, una vez que se instalan en el animal, son difíciles de quitar. Por eso, todo aquello que tienda a la prevención es bienvenido y va a evitar que las relaciones sean complejas.

Muchos educadores de perros llaman a las conductas reactivas "inundación". Que el canino no llegue a una inundación es lo que se quiere evitar porque una vez inundado es posible ahogarse ya que irá directo al elemento detonante.

Recordemos que antes de llegar al límite hay señales corporales a las que hay que prestarle atención: boca cerrada, una inclinación hacia delante, cola en posición, músculos tensos e intensidad en la mirada.

Para empezar, se necesita una correa larga que evite tensión. De este modo, acostumbrarse a la correa va a resultarle menos extenuante. De a poco, la correa se va acortando sin que el cachorro lo note, además de acostumbrarse también a mantenerse a distancia sin sufrir estrés.

Algunos ejercicios sencillos y muy útiles para anticiparse al ingreso en la zona de inundación son los siguientes:

- Siempre se deben llevar premios que sean del gusto del perro o su juguete preferido.
- Trabajar lo que se llama barra abierta, es decir, el perro recibe comida en presencia de otros perros. De este modo, bajará su nivel de ansiedad, miedo o frustración en ese sentido. También, con este ejercicio, el perro aprende a redireccionar su atención hacia el dueño.
- Trabajar el hecho del "mírame" también es necesario para que el perro entienda que tiene que responder a su dueño.
- Otro trabajo a realizar es utilizar el truco del "toca", saludo, dar la pata, etc., que resultarán recursos para distraer y cambiar el foco de su atención.
- Otro truco que puede aplicarse es el de "busca" ya que de este modo también se redirecciona su atención.
- Otro ejercicio es "date la vuelta y vete" este es un aprendizaje necesario para cuando el perro quiera enfrentarse a otro perro que pueda atacarlo inesperadamente. Este aprendizaje es muy útil en la vida del perro en general, por eso es bueno que lo aprenda bajo otras circunstancias donde el animal esté relajado.

No hay que dejar de lado que la reactividad lleva tiempo solucionarla, hay que entrenar bastante para lograr los resultados y es indispensable entrenarla a una distancia tal que el perro pueda ver al detonante que lo lleva a su inundación, pero sin que se active demasiado sino lo suficiente como para trabajarla.

LA SOCIALIZACIÓN CANINA

"Podemos juzgar el corazón de un hombre según como trata a los animales."

Immanuel Kant

La socialización canina es un proceso por el cual un perro aprende a relacionarse con su entorno. Este contacto del tipo social con sus pares es importante para la buena interacción social en general. A través de este proceso también aprenden a diferenciar entre niños y adultos, a ignorar elementos del ambiente que no tiene tocar, se acostumbra al ruido urbano tanto de los autos como de las personas que caminan por la calle en grandes cantidades.

Uno de los puntos que se tienen que considerar al pensar en socialización, es que ésta es un proceso de aprendizaje y, por tanto, deberá tratarse como tal. Si bien hay una tendencia natural a ser social, no se puede pretender que su comportamiento sea el correcto desde la primera socialización. Y, como siempre decimos, según el temperamento del perro, será más o menos sencillo su aprendizaje. La primera socialización que realiza el perro es con sus hermanos de camada y con su madre. Pero esta socialización puede tener más o menos importancia dependiendo del momento en que se aleje el cachorro de su progenitora. Si permanece con su madre al menos 18 semanas, se puede hablar de un animal que va a tener una buena base que sea pilar de su posterior socialización. Si se lo aleja demasiado rápido y no se le brinda la oportunidad para socializar, seguro habrá algunos inconvenientes si se espera una posterior socialización.

Por tanto, las pautas generales que pueden seguirse a la hora de buscar que el canino socialice, son las siguientes:

- Una socialización desde pequeño. Si se tiene al perro desde cachorro, no hay que esperar que crezca para comenzar su socialización. A partir de la tercera semana puede empezar con perros de edades parecidas. Cuanto más contactos positivos realice en estas primeras etapas, mucho mejor responderá en sus años posteriores.
- Estimular los acercamientos tranquilos. Debes evitar que el perro se acerque a otros perros con demasiada efusividad, porque si no se los conoce no se sabe cómo

pueden reaccionar. Según la reacción del otro perro, se transformará en una experiencia positiva o no. Por ese motivo, salvo que se conozca muy bien al otro canino, hay que tener cuidado con estos acercamientos.

- Si el perro eleva su nivel de ansiedad al acercarse a otros perros, es conveniente relajarlo antes del acercamiento. Cuando se tranquilice, se permite la interacción sin tironear de la correa para que no haya una mala interpretación. La correa tiene que permitir las idas y venidas del perro sin que esto moleste.
- Encuentros tranquilos tanto por parte del perro como por parte del dueño. Hay que recordar que el animal capta los sentimientos de sus dueños por lo que ellos también deben permanecer tranquilos durante los encuentros. Si el dueño se muestra ansioso, el perro captará que algo sucede y su nivel de ansiedad también subirá. Entonces una experiencia agradable puede resultar en una situación de la que hay que alejarse.
- Buscar que los juegos que realice sean controlados sin excitación adicional que pueda conducir al conflicto entre los participantes. Si se observa que en el medio de los juegos uno de los integrantes agobia al otro, es necesario terminar el juego, tanto si el que agobia es el perro de la familia o el otro con el que está socializando. Por el bien de los dos perros, conviene terminar antes de que ellos definan de forma agresiva quién domina y quién es sumiso.
- Recurrir al consejo de un profesional si no se sabe qué hacer ante alguna situación inesperada que aparezca.

Colaborar para que el perro desarrolle empatía y se desarrollen sus hábitos sociales para llegar a ser un adulto equilibrado. Los dueños juegan un papel fundamental en este proceso.

Un perro socializado no tomará a los otros perros como un peligro o amenaza y dejará de lado sus impulsos de gruñir o morder, para mostrar conductas amigables y de juego sano.

Los paseos públicos realizados diariamente son la clave para que el canino se vaya sintiendo cómodo con el mundo y las personas que lo rodean. Esta tiene que ser la gran experiencia de todos los días.

Todos los estímulos son válidos para que el cachorro socialice y así aclimatarse al entorno. Si el perro comienza a ponerse nervioso ante algún estímulo, es importante que el dueño se mantenga sereno y no se asuste, porque el animal lo sentirá y entonces su nerviosismo crecerá. En esos momentos, una caricia, una palabra o algún juguete preferido va a aliviar la situación, como así también una golosina.

Una solución para la socialización es encontrar un paseador de perro o un cuidador de mascotas que lo pueda exponer a relacionarse con otros perros cuando lo saca a pasear todos los días. Esta también es una buena solución para aquellas personas que están muy ocupadas. De todos modos, hay que tener presente que el perro está socializando fuera del hogar y no con los miembros de la familia. Si bien es una gran ayuda y una solución, no reemplaza las experiencias con los miembros de la familia.

Los cachorros deberían exponerse a personas desconocidas, a prendas de ropa y elementos desconocidos, a ambientes urbanos, tiendas en las que permitan mascotas, masas de agua, bosques, playas, vehículos, otros perros y también gatos. Todas son experiencias válidas para la socialización del canino.

La duración de las interacciones va a variar en la medida en que se acostumbre a ellas y también dependerá de con quién esté y qué tanto le agrade. Ante una nueva situación a la que se quiera acostumbrar, si el perro no reacciona de forma esperada, es conveniente que la interacción dure apenas unos minutos. Si se sigue insistiendo con esta situación, es posible que pueda durar un período de tiempo mayor.

Cuando conozca a una persona es importante asegurarse que sea una experiencia positiva y que el animal quede con ganas de seguir conociendo a otras. El acercamiento entre cachorro y persona tiene que ser voluntario y no forzado, por tanto, si el animal no se acerca por propia voluntad, no hay que forzar la situación sino dejar que siga su curso.

Estas interacciones tienen que ser positivas y divertidas para el animal, cuidando de que no se asuste ni se lastime. Tiene que acostumbrarse a ser manipulado por diferentes personas siempre y cuando se tenga el cuidado necesario para no sobreexcitar al canino y no lastimarlo.

Una socialización deficiente acarrea relaciones poco funcionales y diferentes problemas que, seguramente, el dueño no querrá tener. Entre ellos: miedo a las personas, miedo a otros perros, inseguridad, agresividad innecesaria, ansiedad por separación, alerta continua, ladridos descontrolados, actitudes destructivas hacia el medio y hacia él mismo, etc. En los casos más agudos, el perro puede desarrollar el síndrome de la privación sensorial, en la cual se aprecian bloqueos, parálisis, depresión, rechazos, temblor, etc.

Los aprendizajes no se tienen que forzar, pero tienen que realizarse todos los días, en lo posible con experiencias variadas y agradables. La repetición lleva a la creación de los hábitos y los hábitos llevan a una buena convivencia en la que todos disfrutan de las interacciones. Esta es la mejor manera de tener un cachorro feliz que sea una verdadera compañía para el grupo familiar.

Cuando llega al hogar un perro adulto que no ha sido socializado, puede mostrarse hosco, reticente, con miedo, trata de intimidar y no busca relacionarse con los miembros de la familia. La tarea de socialización va a ser dura, aunque no imposible. Además, hay que tener presente que tal vez el perro haya tenido malas experiencias mientras vivía en otro lado, por lo que se tendrá cuidado con las expresiones tanto vocales como corporales porque no se sabe qué significado tuvieron éstas en el pasado. No hay que olvidar que todo puede ser reaprendido, por tanto, con paciencia se puede llegar a lograr el perro que la familia quiere.

Sin forzar la socialización, hay que comenzar con las pequeñas cosas y los pequeños estímulos. Siempre recurriendo a la comida y a otros premios para alentar las conductas esperadas. Aún sin tener experiencia en la educación canina, este es un trabajo que puede realizarse y llegar a los objetivos planteados.

Además de la socialización, con el perro adulto también es necesario trabajar la obediencia básica en forma diaria y así ayudarlo a convertirse en un perro equilibrado.

PERROS, NIÑOS Y QUÉ TENER EN CUENTA

"Los ojos de un perro tienen el poder de hablar un gran lenguaje."

Martin Buber

Tanto los gatos como los perros son las únicas especies que el ser humano no sometió por la fuerza a la domesticación, sino que se constituyó como un proceso que se fue dando como una relación de interés mutuo. Los intereses se fueron acomodando de modo que iniciaron una buena sociedad y los instintos se modificaron como una respuesta a ella. Así es como los perros ayudaron a criar ovejas y otros rebaños a los que aprendieron a conducir, una acción que se contrapone con el instinto natural. Y los gatos se ocuparon de la sanitización de los hogares, librándose de alimañas que afectaban la salud de la familia.

Por ello, tanto el perro como el gato, luego de tantos siglos de convivencia, entienden lo que es la crianza de los hijos y cómo responder ante ellos.

Por eso, los beneficios que aportan estos animales a los niños son muy importantes. La compañía de un animal mejora notablemente la calidad de vida y también aumenta la longevidad, preserva el equilibrio mental y físico, además de enriquecer la recreación y reducir el estrés, elevando el nivel de emociones y preservando a la persona de sufrir depresión.

En los niños, los animales juegan un papel importante en su desarrollo social y cognitivo. También los ayuda a desarrollar el sentido de la responsabilidad, del respeto por las diferentes formas de vida y afianzará los lazos familiares. A medida que los niños crecen en compañía de sus animales, aprenden a cuidarlos, alimentarlos y jugar con ellos. Las personas que a lo largo de su niñez tuvieron la compañía de un perro aprenden la importancia de la compasión y la empatía, necesarias para cualquier relación positiva entre personas.

Contribuye a fomentar la alegría, elimina la tristeza, disminuye los miedos habituales en la infancia y estabiliza la conducta en general. Para casi el 80% de los niños el perro que es compañía de sus juegos es un importante apoyo emocional, puede abrazarlo y acariciarlo, aliviando así sus sentimientos. Entre niños de 9 a 12 años, las estadísticas demuestran que los juegos con animales ganan la preferencia por encima de los videojuegos.

Los padres adoptan perros ante la insistencia de sus hijos y la promesa de que se van a hacer cargo de su cuidado. Pero a veces la realidad termina siendo otra, los hijos solamente juegan con sus perros y se olvidan de sus promesas de cuidar las necesidades del canino, recayendo éstas en sus padres. Repartir tareas relacionadas con el cuidado es una importante herramienta educativa que desarrolla el sentido de la responsabilidad en los niños, potenciando su paciencia, su autoestima y enseñando a entender y respetar las necesidades de su pequeño compañero de juegos. Es posible involucrar a los niños en el cuidado de las mascotas, según la edad que tengan y, si no cumplen, se les puede recordar que lo hagan porque el perro necesita esos cuidados. Por norma general, podría decirse que, de acuerdo a la edad, las responsabilidades pueden ser las siguientes:

- Hasta los 3 años: el niño no va a diferenciar el animal de sus juguetes, por tanto, no va a poder participar de los cuidados. En esta etapa, es fundamental que el niño vaya aprendiendo que no es lo mismo el juguete que el perro y que es necesario aprender a respetar su espacio, su carácter y sus necesidades. Estos conceptos se van inculcando de a poco para que el niño crezca en armonía con su mascota y no se generen inconvenientes.
- Entre 3 y 6 años: bajo la supervisión adulta, el niño puede comenzar a darle de comer y poner agua en su

cuenco. También puede participar del entrenamiento básico, tirándole pelotas para que las busque.
- Con 6 años: los niños ya entienden que ese pequeño peludo que tanto les agrada, necesita ser cuidado de muchas maneras. Puede participar de la ida al veterinario, pueden hacer una pequeña colaboración en lo que refiere al baño del perro.
- Entre 6 y 10 años: sus responsabilidades pueden ir en aumento, involucrándose en su adiestramiento, en recoger sus juguetes, además de ocuparse de su alimentación. Las interacciones entre niños y perros siempre tienen que tener supervisión adulta.
- De 10 años en adelante: puede considerarse que el niño es capaz de participar en todas las tareas que atañen al animal: alimentarlo, pasearlo, bañarlo, limpiar su caja de arena si es el caso, cepillar al canino y participar activamente en sus sesiones de entrenamiento. Lógicamente el adulto tendrá que supervisar que las tareas planificadas se realicen en forma correcta, porque, aunque el niño sea capaz de responsabilizarse, sigue siendo un niño que quizás en alguna ocasión se olvide de cumplimentar alguna tarea. Por supuesto que llevar al veterinario al perro, no es una responsabilidad que pueda darse a un niño de 10 años. También la administración de medicamentos es responsabilidad adulta. En lo que refiere a los paseos, tal vez el niño pueda andar solo con el perro en algunos lugares, dependiendo de la seguridad. En caso contrario, los paseos serán compartidos entre niños y adultos.

Todas estas indicaciones son generales y deben analizarse según la naturaleza de los niños que habiten la vivienda. Cada caso se puede evaluar en forma particular para que las responsabilidades sean las adecuadas y no sobrepasen las posibilidades que tiene cada niño. Lo que sí se puede asegurar es que un niño que aprende a atender a su canino asume una independencia muy necesaria en el desempeño de la vida en general.

Para organizarse, es saludable sentarse con los niños y hacer una lista de las tareas que necesita el perro. En esta lista también se anotan los horarios en los que hay que realizarlas. Luego se asignan responsables a cada una de ellas y también quién va a supervisar, es decir, quién es el adulto que verificará que las tareas se cumplan.

Un detalle a considerar es que el niño tiene que aprender a realizar correctamente la tarea, por tanto, el adulto debe tomarse el tiempo necesario para enseñársela. También tiene que ser consciente de lo que pasaría si no cumple con dicha tarea. Por ejemplo: si la tarea es alimentarlo, es importante que el niño entienda que, si él no lo hace, el perro va a tener hambre y no se va a sentir bien.

Además de la repartición de tareas que son básicas para el cuidado y el bienestar del canino, existe una tarea en común que no debe descuidarse y que tiene que ser cumplida por todos los miembros de la familia. Esto es, mantener y cumplir las normas básicas de convivencia. Así como se sentaron para conversar sobre las tareas, también hay que sentarse en familia a conversar sobre las normas básicas de convivencia. Éstas tienen que contar con el consenso familiar y se tienen que cumplir para que la convivencia sea armónica.

Por ejemplo: es necesario determinar cuáles son los espacios de la casa donde la mascota puede estar y cuáles van a ser los lugares que tendrán prohibiciones. Si se le va a permitir que duerma en la cama con los niños, si se le puede dar comida mientras la familia está comiendo, si es posible que se suba al sofá, etc.

Otro detalle que no debe descuidarse es que no se tiene que molestar al perro mientras está comiendo o durmiendo. Hay algunas razas que se irritan mucho en esos momentos por lo que es mejor no molestarlos en esos momentos. También es fundamental que quede en claro que, aun cuando el perro tenga todas las vacunas y esté limpio, es necesario lavarse las manos luego de atenderlo, de jugar con él y antes de tomar comida para llevársela a la boca.

Todas estas normativas que podrían parecer exageradas llevan a que la convivencia sea tranquila y positiva para todos los miembros de la familia, incluyendo al canino que se incorporó. Dejar que impere el caos y que nadie sepa a qué atenerse, no es lo más aconsejable porque esto generará muchos inconvenientes a nivel convivencia. Tanto las mascotas como los niños tienen que saber qué es lo que se espera de ellos. A veces no se verbaliza lo que se pretende y esto es un error porque no queda claro qué es lo que se espera, generando frustraciones y malos entendidos.

Plantear metas en común para la familia, es una forma de afianzar los lazos familiares y trabajar por el beneficio de todos los integrantes que componen la familia.

FOBIAS FRECUENTES EN LOS PERROS

"Hasta que no hayas amado a un animal, una parte de tu alma permanecerá dormida."

Anatole France

Una fobia es un miedo exagerado y también irracional a algo determinado que provoca ansiedad, terror y angustia. Tanto humanos como animales no se liberan de este tipo de emociones. Las fobias se desarrollan a partir de experiencias traumáticas y generalmente son la consecuencia de una socialización deficiente.

Entre las fobias que se presentan con más frecuencia en los perros se encuentran: las tormentas eléctricas, los petardos y fuegos artificiales, viajar en coche, viajar de noche, ir al veterinario, subir o bajar escaleras, estar solo, etc.

Las tormentas eléctricas: esta fobia es frecuente y responde al hecho de no saber qué está sucediendo ni por qué. El ruido es fuerte y está por todos lados, por lo que el perro puede llegar a optar por esconderse, escaparse de casa, llorar y gemir. Antes de que comience la época de tormentas, es bueno sensibilizar al perro a los sonidos que se van a escuchar. Para ello, se recurre a grabaciones con truenos y ruidos de tormenta, que se colocan a bajo volumen primero y se va subiendo el volumen de a poco. Este entorno sonoro se puede utilizar mientras se realizan algunos juegos. Este principio se puede aplicar tanto si se está acostumbrando a un cachorro de poca edad como a un perro mayor al que se trata de reeducar para que supere su miedo.

Los petardos y fuegos artificiales: este también es un tema importante y que tiene los mismos efectos que los ruidos de tormenta. Estos ruidos no solamente afectan a animales sino también a personas discapacitadas. Aquí también es necesario aplicar un sistema de desensibilización sistemática similar al que se aplicó en las tormentas. Es efectivo y libera al animal del estrés de los sonidos fuertes.

Es importante tener presente que cuando se escuchan los petardos, no hay que abrazar al perro porque es perjudicial ya que refuerza una conducta negativa. La forma de resolver esta situación es colocar al canino entre mantas y dejarlo solo. Es necesario asegurarse de que el perro no tiene posibilidades de escaparse de la casa. Se lo deja solo pero dentro del hogar sin la oportunidad de salir. Aunque parezca mentira, algunas razas pueden morir de un infarto mientras sucede la pirotecnia.

Algunos especialistas aconsejan los calmantes cuando hay pirotecnia. Pero éstos causan en el cuerpo del animal una sensación que el perro no comprende y le genera desorientación a lo que hay que sumarle el miedo a la pirotecnia. Por otra parte, hay métodos de calma como el método de Tellington en la cual se utiliza un pañuelo tipo bufanda que se coloca envolviendo el torso como si fuera un vendaje y se anuda. Esta forma de cubrirlo le da sensación de seguridad. Al colocarlo, este pañuelo queda como si fuera un pretal.

Otra opción es aislar un cuarto de la vivienda de los ruidos. Para ello, se cierran bien tanto puertas como ventanas y se cuelgan telas o cortinas pesadas que amortiguan los ruidos que vienen de afuera y colocar música dentro de él. Allí se deja al canino entre mantas para que no se asuste.

Los viajes en coche: algunos perros disfrutan los viajes y otros elevan su nivel de ansiedad a valores muy altos, se marean, vomitan o lloran todo el camino. No importa si el viaje es corto o largo, el perro lo sufre igual. En estos casos, hay que educarlo para que no sienta miedo porque a veces suele ser necesario andar en el auto. Si es la primera vez que se sube, se tiene que evitar un trayecto largo y, en lo posible, que el destino sea un lugar donde el perro tenga una experiencia agradable. Esto es importante porque generalmente, se sube al coche para ir al veterinario por eso, es bueno que las primeras veces se lo lleve al parque a jugar, de este modo, asociará el coche a una situación de agrado para él.

Cuando sube por primera vez, tiene que estar parado y se lo deja olfatear el lugar para luego darle una recompensa. La segunda vez, se pone el coche en marcha y también se prende la radio, se lo deja olfatear y se le da una recompensa. La tercera vez, se hace todo el procedimiento anterior y se da una vuelta a la manzana, con una recompensa al final. La cuarta vez, se elige un destino agradable como el parque o la plaza. Lugares que él ya conozca y disfrute. Recuerda las medidas de seguridad a la hora de viajar con el perro dentro del auto: transportín de seguridad, arnés con manta o jaula de transporte.

Si se trata de un viaje largo, prepara una maleta para el perro donde incluyas su comida, bebida para hidratarse durante el viaje, su cama, juguetes, etc. Haz paradas de vez en cuando para bajarlo y que camine o haga sus necesidades, además de tomar agua. No es conveniente que coma durante el trayecto. Es importante que durante el viaje haya una entrada de aire en el auto.

Las visitas al veterinario: esta es una experiencia que no les gusta a todos los perros. Muchos no paran de llorar o gemir mientras dura la visita. Aquí tendrá importancia la actitud que asuma el veterinario con respecto al animal.

Es lógico que el perro no quiera ir al veterinario porque allí lo vacunan, le dan pastillas, le revisan las orejas, etc. No es frecuente que el veterinario dé una golosina al perro luego de atenderlo, por eso, es importante llevar alguna para dársela al terminar la consulta como premio. De este modo, asociará al veterinario con algo agradable. Un truco que da resultado es dar un paseo antes de llegar al veterinario. De este modo, el perro se cansa y no llega con energía al consultorio. Cuando llega con energía, ésta se puede transformar en ansiedad. Salvo que la ida al veterinario sea por una emergencia, el truco del paseo antes de la visita es muy positivo para el canino.

También es importante que el dueño se mantenga tranquilo al llevar al animal al veterinario. No olvidemos que, si el dueño se pone nervioso, el perro lo siente también y lógicamente se alterará porque entenderá que algo pasa.

El temor a las escaleras: en algunos perros se aprecia este miedo al ver que se acercan a las escaleras con una precaución inusual. Otros quedan inmóviles y no las suben. Este tema también se soluciona con entrenamiento y refuerzo positivo. Es importante realizar algún tipo de juego en la base de las escaleras, como tirarle un juguete para que lo traiga por el piso de la casa, hasta que el juguete cae en el primer escalón y el canino tendrá que agarrarlo. Luego cae en el segundo escalón, luego en el tercero y así siguiendo, casi sin querer, el perro irá incorporando las escaleras de a poco. Cualquier juego que se utilice para incorporar las escaleras, será válido y aplicable.

Fobia a conocer personas extrañas: cuando el perro no se deja acariciar por extraños, les ladra o se asusta, es seguro que la experiencia le produce una ansiedad exagerada. Este tipo de miedo suele darse cuando la socialización es deficiente. Para solucionar este tipo de temas, es necesario que se le brinde la posibilidad de acercarse a otras personas de a poco y, utilizando caricias o palabras de aliento y confort, se lo vaya tranquilizando para que su nivel de ansiedad vaya bajando. Este proceso se realiza sin forzar situaciones, sino que se buscan de forma natural y si no se da en la primera, se vuelve a intentar hasta lograr el objetivo que se busca, o sea, que pierda el temor a los extraños.

El temor a estar solo: también se lo conoce como ansiedad por separación. Los caninos que sufren este tipo de estrés muestran un comportamiento destructivo y ladran sin parar ni bien los dueños se marchan. Para solucionar esta fobia, es necesario jugar mucho con el animal y darle mucho cariño. Luego de haber jugado un tiempo de 15 o 20 minutos, el dueño tiene que alejarse del perro y mantenerse alejado por otros 15 o 20 minutos, apreciando de lejos y sin que sea visto, lo que el perro hace. Pasado ese tiempo, el dueño vuelve a jugar con el canino.

Esta acción y retiro, le va a mostrar al perro que, si bien el dueño se va, también va a volver y estará con él.

EL ENTRENAMIENTO Y SUS POSIBLIDADES

Si yo pinto a mi perro exactamente como es, naturalmente tendré dos perros, pero no una obra de arte."

Johann Wolfgang Von Goethe

Muchas personas se plantean si realmente es conveniente invertir tiempo, esfuerzo y dinero en adiestrar a su perro. En realidad, se hacen esta pregunta porque no alcanzan a entender la importancia que el adiestramiento tiene sobre el animal y los beneficios que le aportan. Además, piensan que el animal naturalmente conoce las normas de convivencia con las cuales se maneja el ser humano, pero esto no es cierto y el perro termina haciendo lo que quiere y los dueños terminan desilusionados y el hogar se transforma en un caos o el pobre perro termina siendo abandonado.

La creencia generalizada es que se adiestran los animales que se utilizan para seguridad o alguna otra función especial y que los demás no necesitan entrenamiento porque no tienen que realizar ninguna tarea específica. Esta creencia existe porque no se analizan los pequeños comportamientos que también son necesarios enseñar porque el perro no los trae incorporados y que llevan a que la convivencia sea muy superior, ya que el perro entiende lo que se espera de él.

Cuando un dueño entrena a su canino, el perro realiza nuevos aprendizajes y el dueño aprende a conocer en profundidad a su gran compañero. Por tanto, el adiestramiento beneficia a todas las partes involucradas. Es una experiencia que los hace crecer y que se disfruta plenamente.

Los perros adiestrados tienen una conducta equilibrada y estable, agudizan su percepción y están atentos a lo que sus dueños quieren o necesitan. El adiestramiento facilita la convivencia tanto dentro de la casa como fuera de ella. La comunicación entre dueño y mascota se afianza y lógicamente aumentarán los vínculos afectivos, como así también el nivel de comprensión y tolerancia.

Se podrá apreciar también el grado de independencia que tiene el animal ya que comprende lo que se espera de él. Como su comportamiento se vuelve equilibrado, eso lo libera del estrés de no saber qué esperar, por tanto, su calidad de vida aumenta al ser un perro mucho más saludable y predecible. También tendrá hábitos específicos de alimentación lo que evitará que coma fuera de hora y tenga problemas de sobrepeso. Todo lleva a un nivel superior de conducta y comportamiento.

Adiestrar a un canino es altamente beneficioso y, sobre todo, si se lo hace en positivo respetando su naturaleza e individualidad. De este modo, adaptando el entrenamiento a sus posibilidades reales, se irán reforzando los logros que se vayan obteniendo en la medida que pasa el tiempo.

Existen muchos principios teóricos que hablan de cómo aprenden los animales y todos son válidos a su manera. En general, para personas que no tienen experiencia, se aconsejan los acondicionamientos clásicos y los operantes donde se tienen en cuenta aquellos aprendizajes que son básicos y muy necesarios para el desenvolvimiento de su conducta habitual.

Con el condicionamiento clásico se logra que el perro asocie una señal, generalmente auditiva o auditiva y visual, con lo que se le pide que haga. Es decir, alguna conducta agradable. Con el condicionamiento operante, la conducta enseñada se irá repitiendo cada vez con mayor frecuencia siempre y cuando, el perro vea que obtiene un resultado positivo para él. Del mismo modo, las conductas indeseadas serán menos frecuentes al no tener consecuencias agradables. Por eso, es necesario elegir y mantener una señal sonora o sonora y visual. Además de los premios.

Es importante tener presente que, si los entrenamientos se van a hacer con refuerzo positivo, donde éste es comida, el perro tendrá que tener un cierto nivel de hambre porque si no, hay muchas posibilidades de que no le preste atención. Por eso, hay que buscar un horario de adiestramiento que esté lejos de los horarios de comida.

No es necesario hacerles pasar hambre, simplemente, buscar el tiempo en el cual al menos hayan pasado dos horas desde la última comida. Como ya hemos dicho, hay que elegir un buen lugar donde realizar los entrenamientos por primera vez y hasta que éstos sean aprendidos al menos en un 70%. Una vez que se haya realizado el aprendizaje, hay que probar estos conocimientos en otros entornos donde haya distracciones. De este modo, también se evaluará el grado de concentración que tiene la mascota.

También hay que tener presente que, si el animal está enfermo o no se encuentra en las mejores condiciones de salud, es necesario esperar a que se cure y luego retomar los aprendizajes. Si es una perra que está embarazada, su conducta se verá afectada por los cambios hormonales del embarazo por lo que no conviene someterla a un adiestramiento. Hay que considerar que, si el perro no se siente bien físicamente, es posible que no preste ninguna atención a lo que se le intenta enseñar.

Por cada aprendizaje se fijarán criterios como objetivos a lograr, algunos con pasos intermedios entre un aprendizaje inicial y el resultado final al cual se apunta. Los planes de adiestramiento son muy útiles en este sentido. Si no puedes elaborarlo por ti mismo, consulta al veterinario para que te oriente en este sentido.

Un perro que ha sido adiestrado muestra muchas menos conductas del tipo negativo, como agresividad o rebeldía. La obediencia y el buen comportamiento pasan a ser los rasgos distintivos de un perro entrenado. Paralelamente con el entrenamiento es necesario trabajar la socialización para que la transformación sea completa. Un perro que no haya sido correctamente socializado es posible que no responda de forma plena a los entrenamientos. Además, tardará mucho tiempo en lograr una conducta funcional.

También es destacable el hecho de que se refuerza el vínculo entre el perro y su dueño gracias a una buena educación canina. Se desarrolla la confianza entre ambos y un gran entendimiento que el perro agradecerá ampliamente y el dueño se sentirá confortado y sorprendido por lo mucho que logra de esta relación.

En la medida que el canino aprende qué es lo que se espera de él, adquiere una mayor independencia para gestionar sus emociones porque se siente seguro del lugar que ocupa y lo que significa para su dueño. Aprende a quedarse solo en casa sin romper el mobiliario o molestar a los vecinos. Todo podrá desarrollarse en una mayor tranquilidad y con una mayor libertad.

Los aprendizajes pueden realizarse a lo largo de toda la vida. Si bien conviene que comiencen en la tercera o cuarta semana de vida, no siempre se dispone del cachorro en esa edad. De todos modos, a cualquier edad se puede comenzar y se puede prolongar a lo largo de toda la vida ya que el animal siempre tendrá capacidad de aprendizaje. El entrenamiento no es privativo de los animales de poca edad, sino que es aplicable a todas las edades. Incluso pueden planificarse distintos tipos de aprendizajes luego de haber aprendido los básicos que sirven para los desempeños diarios.

Así mismo, se pueden llevar a cabo los entrenamientos en animales que han sufrido traumas en su etapa anterior al hecho de llegar a la familia. Estos aprendizajes llevarán adaptaciones a la situación actual del perro y tal vez requieran un mayor esfuerzo y trabajo, pero siempre se pueden realizar y el animal terminará respondiendo en forma positiva si se saben llevar adelante con inteligencia.

Los aprendizajes son para todos los tipos de perros y todas las razas. Cada uno aprende a su tiempo y dentro de sus posibilidades, algunos aprenden antes otros aprenden después, pero todos tienen la capacidad de aprender.

También se pueden realizar aprendizajes adicionales como circuitos donde tienen que correr, pasar por debajo de obstáculos, rampas, otros obstáculos que serán para saltarlos, situaciones para rodar, etc. Estos adiestramientos no solamente mantienen atento y focalizado al perro por las necesidades del circuito, sino que le dan un componente deportivo por el cual apoyará su salud y su bienestar. Tanto el perro como el dueño vivirán una experiencia variada, entretenida y muy divertida.

Como ya hemos dicho es importante que toda la familia participe y se involucre en los adiestramientos porque esto ayudará a la socialización de los miembros de la familia con el perro y éste entenderá las funciones de cada uno dentro del grupo familiar. Por supuesto, toda esta dinámica estará acompañada de mucha paciencia, responsabilidad, amor y respeto por parte de todos los integrantes del grupo familiar.

TIPOS DE ADIESTRAMIENTO

"Los perros son nuestra conexión con el paraíso. No conocen mal o celos. Sentarse con un perro en una colina frente a un ocaso es como estar en el Edén y disfrutar de la Paz."

Milan Kundera

Como ya hemos dicho antes, el adiestramiento es sumamente beneficioso tanto para el animal como para las personas que conviven con él. Es posible entrenar en los comportamientos y obediencia básicos como así también en entrenamientos específicos como custodia, compañía de una persona discapacitada, para competencia deportiva, etc.

Es por eso que existen diferentes tipos de entrenamiento que parten de un tronco común y luego se aprecian las diferencias según el objetivo que se espera obtener.

En general los tipos de adiestramiento se pueden clasificar de la siguiente manera:

- Adiestramiento en funciones específicas: como entrenamiento para detectar drogas o armas, búsqueda y rescate de sobrevivientes.
- Adiestramiento para participar de terapias: en este caso, se prepara al perro para que asista en terapias específicas en diferentes patologías tanto físicas como psíquicas. Por ejemplo: lazarillo para ciegos.
- Adiestramiento para realizar competencias deportivas: cada deporte necesitará un tipo especial de entrenamiento como, por ejemplo: trineo, ring francés, rastreo, superación de obstáculos, etc.
- Adiestramiento en obediencia básica: se le enseña al canino las órdenes elementales para que la convivencia sea armónica dentro de la familia.

Existe un tipo de entrenamiento que se conoce con el nombre de "adiestramiento canino tradicional". Este entrenamiento se basa en refuerzos negativos y en castigos y no acepta que el perro pueda tener una conducta no deseada. Se utilizan herramientas para castigarlo como collares de pinchos, antiladridos o collar de ahorque. En todo momento la metodología tiende a inhibir el comportamiento y desarrolla miedo en el animal. Estos miedos traen consecuencias a largo plazo.

Este adiestramiento tradicional se originó en la Primera Guerra Mundial para lograr que los perros estuvieran en el campo de batalla y en la Segunda Guerra Mundial este adiestramiento se extendió al entrenamiento que realizaban personas civiles con sus perros. Logró una gran popularidad a pesar de lo violento que es el método y lo poco beneficioso para el perro. En los años posteriores, surgieron otros métodos que demostraron una mayor eficacia con grandes beneficios para los perros, quienes no sufren castigos y son respetados en todo momento.

Años más tarde se fueron desarrollando teorías de adiestramiento que se basaron en la naturaleza propia del perro y sus posibilidades de aprendizaje. Estas teorías tomaron sus criterios de la teoría del aprendizaje y de la teoría de la etología.

Tipos de adiestramiento basados en la Teoría del aprendizaje: esta teoría ha estudiado detalladamente de qué forma incorpora los nuevos aprendizajes el perro. Los adiestramientos que se basan en esta teoría son: entrenamiento en positivo, entrenamiento condicionante, entrenamiento mixto, entrenamiento por extinción, entrenamiento a partir de la conducta incomparable, entrenamiento a partir de marca de ausencia de refuerzo, entrenamiento a partir del contracondicionamiento, entrenamiento a partir de la desensibilización y entrenamiento a partir del BAT: Behavior Adjustment Training.

- Entrenamiento en positivo: es un tipo de adiestramiento dinámico, divertido y basado en refuerzos positivos. Brinda buenos resultados, afianza la relación entre perro y dueño y refuerza el comportamiento adecuado. Es una

técnica que requiere tiempo, dedicación y mucha paciencia.
- Entrenamiento condicionante: es un tipo de adiestramiento más elaborado que el anterior. Se agrega el clicker que suena antes de los premios y, en algunos casos, reemplaza el premio. El clicker suena luego de que el perro realiza la conducta pedida. En pasos posteriores, se hará sonar el clicker para que el perro realice la conducta pedida. Con este método se condicionan los instintos del perro.
- Entrenamiento mixto: este entrenamiento mezcla los adiestramientos de refuerzo positivo con el tradicional. Puede llegar a ser útil cuando se tiene un perro adulto que tiene conductas arraigadas que se buscan erradicar. Se establecen castigos para estas conductas y premios para cuando no las realiza.
- Entrenamiento por extinción: este entrenamiento utiliza los premios para los comportamientos solicitados mientras que deja pasar los comportamientos incorrectos. Por ejemplo: si ladra a los que pasan por la calle, simplemente hay que ignorarlo.
- Entrenamiento a partir de la conducta incomparable: se basa en cambiar aquellas conductas que son no deseadas por aquellas que sí lo son. Estas conductas que reemplazan una por otra, sirve para cambiar el sentido de su atención. Por ejemplo: está por ladrarle a una persona, entonces se le tira una pelota para ponerse a jugar y así desviar su atención. Es un entrenamiento

preventivo y no se puede utilizar cuando la conducta ya comenzó.
- Entrenamiento a partir de marca de ausencia de refuerzo: si se le pide al perro que realice una determinada conducta y éste no responde, se le hace el gesto de que no se le va a entregar el premio. De esta forma, se le da a entender que no se aprueba lo que está realizando.
- Entrenamiento a partir del contracondicionamiento: está basado en cambiar la emoción que le causa el estímulo. Por ejemplo: si teme a los truenos, se lo premia cada vez que se escucha uno. De esta forma, asociará el ruido a una emoción agradable como la que tiene al recibir el premio.
- Entrenamiento a partir de la desensibilización: este entrenamiento consiste en disminuir la intensidad de las emociones que siente el perro. Por ejemplo: si el perro se asusta con las escaleras, entonces se lo estimula con juegos para que se relaciones con ella, utilizando refuerzos positivos.
- Entrenamiento a partir del BAT: Behavior Adjustment Training: esta técnica consiste en eliminar los estímulos que generan miedo, agresividad o estrés en el perro. De esta manera el perro entiende que su dueño espera que se mantenga tranquilo.

Tipos de adiestramiento basados en la teoría de la etología: estos entrenamientos son utilizados como un complemento de los anteriores. En general consisten en la planificación de los entrenamientos teniendo presente las conductas naturales del perro. El dueño tiene que ser capaz de lograr la jerarquía de la manada para luego comenzar con los entrenamientos. Desde allí, el dueño actúa como macho alfa dando sus directivas, tal como sucedería si estuvieran libres en la naturaleza.

Adiestramiento con el método espejo: esta técnica se basa en que los perros aprenden por observación directa. Se coloca al perro que necesita entrenamiento, al lado de un perro entrenado. El novato observará al perro con entrenamiento y lo imitará, además de querer competir con él. Según los expertos esta forma de entrenamiento tiene el mismo éxito que los adiestramientos con refuerzos positivos y el condicionamiento del clicker. Otros expertos piensan que es del tipo natural ya que en la naturaleza los animales aprenden por imitación de otros animales. El único inconveniente que presenta es que se necesita un perro entrenado en los aprendizajes que se quieren establecer en el novato.

Es una técnica que, además, fomenta la relación con otros pares y la socialización entre ellos. De este modo también se va a poder comprobar cómo actúa el perro de la familia frente a otros perros y si establece una relación de sumisión o de dominación. De más está decir que todas las interacciones que se produzcan entre los perros están dentro de un ambiente controlado para evitar que salgan lastimados.

El adiestramiento permite un gran afianzamiento en la relación entre dueño y perro ya que cada uno comprenderá al otro desde un punto de vista profundo. Además, estas prácticas irán terminando con el estrés del canino ya que el perro se sentirá seguro y protegido sabiendo lo que su dueño pretende de él.

¿Cuál es la mejor técnica? En realidad, todas son buenas mientras se respete la integridad del perro, tanto física como mental. Es conveniente elegir la técnica pensando en cómo es el perro, su naturaleza y también los objetivos que se esperan lograr. En algunos casos, servirá la primera, así como en otros servirá la segunda. En caso de probar una técnica y ver que no se obtienen los resultados, es posible modificarla y continuar con otra. Es necesario desechar lo que no sirve o no da el resultado esperado.

RAZAS DE PERROS Y SUS CARACTERÍSTICAS

"Una de las cosas más hermosas en la vida, es encontrar a alguien que pueda entenderte, sin necesidad de dar tantas explicaciones."

Anónimo

La Fédération Cynologique Internationale, FCI, reconoce más de 300 razas de perros, considerando aquellas que cuentan con más de 5000 ejemplares durante los últimos años. Pueden reconocerse muchas más, pero la cantidad de ejemplares es muy reducida. Dentro de esta gran variedad, las preferidas son: Pastor alemán, Rottweiler, Yorkshire Terrier, Cocker Spaniel Inglés y Americano, Siberian Husky, Caniche, Golden Retriever, Pointer, Labrador y Boxer.

Pastor Alemán: esta raza es excelente como compañía y desarrollando cualquier actividad que se le pida. Tanto los que son de raza pura como los que son cruce son ideales y grandiosos en todas las etapas de su vida.

Es muy inteligente y necesita de un estímulo continuo. Si no recibe este estímulo en forma continuada, esta inteligencia pasa a ser un problema porque el perro se aburre y hasta llega a frustrarse. Proviene de Alemania y fue el pastoreo el inicio de sus actividades, creciendo luego en otras y llegando a ser el mejor en actividades militares.

Es un animal con un tamaño medio, con una expectativa de vida de 12 años en promedio. Son ideales para zonas rurales, aunque se adaptan bien a la ciudad. Son activos, con mucha energía, fieles, obedientes y con un gran sentido social. Los cachorros al nacer conviene que se queden con su madre las primeras 8 semanas.

Rottweiler: esta raza también proviene de Alemania, aunque su origen se remonta al Imperio Romano. Durante muchos años fue entrenado como guardián, aunque también puede ser un gran perro de compañía. En el mercado se encuentra la variedad americana y la alemana. Su cuerpo es corpulento, macizo, con pelaje corto y muy musculoso. A pesar de su gran peso, es un animal muy ágil, le gusta la ejercitación física y los trabajos de entrenamiento. Son protectores y leales.

El rottweiler alemán cumple con parámetros estrictos de medidas, para cumplir con la pureza de la raza. Miden entre 61 y 68 cm y un peso de 50 kg. El rabo es largo y el hocico es corto. La variedad americana es de mayor tamaño, unos 69 cm con un peso de 80 kg. Su rabo es corto y tiene un hocico un poco más alargado.

Para muchas personas el rottweiler y el doberman son iguales y peligrosos. Pero hay muchas diferencias y su peligrosidad en ambas razas dependerá de la crianza que se les dé.

Doberman Pinscher y Molosoides: es un animal muy poderoso, elegante, firme y excelente como custodia. Necesitan de una educación correcta para desarrollar todo su potencial y no transformarse en un perro inestable y peligroso.

Son animales inteligentes, sensibles, aptos para cualquier tipo de entrenamiento positivo, no se aconsejan los entrenamientos con castigos y son capaces de crear un vínculo fuerte y estable con su entrenador. De tamaño mediano a grande, con una línea elegante, es un animal que se apega con gran cariño a la familia que lo cría. Hay dos variedades y sus diferencias se basan en la figura del animal. En lo que refiere al carácter son similares.

Yorkshire Terrier: es un pequeño animal con mucha belleza que tiene una gran variedad de subrazas que derivan de él. Su origen se remonta a la realeza del siglo XIX, como resultado casual de cruces que se hicieron en el condado de Yorkshire.

Es importante asegurarse de que es de raza pura porque las mezclas suelen tener varios problemas de salud. El tamaño está clasificado como perro toy o miniatura, con un peso de 3,2 kg. El pelaje es largo y colgante, además de sedoso, nunca es duro o firme. Su cabeza es pequeña, plana con un hocico corto y sus ojos son redondos y brillantes. Sus orejas son pequeñas y erectas. La cola se confunde con el pelaje.

Border collie: es considerado el perro más inteligente del mundo, con una amplia capacidad de aprendizaje en todos los ámbitos, llegando a lograr adiestramientos complejos. También se destaca por el gran vínculo que logra con sus criadores, por eso es un gran perro de compañía. Sus características físicas son parecidas a las del pastor ovejero australiano. Es ágil, con mucha energía, es ideal para saltar y correr. Sus patas son musculosas, su hocico es largo, sus ojos son de color marrón, aunque puede presentar un ojo de color azul y otro marrón. Sus orejas caídas le dan un aspecto un poco triste, pero es un animal con un gran carácter alegre y juguetón. Su pelaje es blanco y negro semilargo, aunque puede llegar a tener pelo corto y tonalidades dentro de la gama de los marrones.

Cocker Spaniel Inglés y Americano: esta es una de las razas más populares y buscadas por su excelente carácter compatible con todo tipo de grupo familiar. Sus orígenes se remontan al siglo XIV en España, donde se los utilizaba para la caza de aves. Pueden preferir la soledad a veces, pero eso no le quita su gran sociabilidad y su interés en las interacciones humanas. Su tamaño es mediano de unos 38 cm con un peso de 12 kg. Hay dos tipos de cocker spaniel: el inglés y el americano. El inglés es el que fue llevado de España a Inglaterra donde se los adaptó al lugar y al tipo de caza inglesa. Es un poco más grande que el original, manteniendo su carácter. El americano, similar al inglés, es más pequeño y con formas más redondeadas, con poca utilización en la caza, se lo llevó a perro de compañía y de exhibición.

Siberian Husky: es poseedor de una gran belleza y con ojos llamativos imposibles de ignorar, sobre todo, porque su imagen rememora los lobos. Es un perro muy compañero pero que demanda un gran mantenimiento por lo que es necesario disponer de un gran espacio y de dinero suficiente para invertir en él. Para que sea saludable es necesario que su alimentación sea especial y muy cuidada. Si se tiene en cuenta esto, se tendrá un animal resistente y que no se enfermará. No presenta enfermedades hereditarias y todo en él puede manejarse en forma preventiva.

Se adapta a diferentes climas, aunque su clima de origen es el de las regiones más frías de Rusia. De todos modos, adoran la nieve por lo que es ideal para los climas bien fríos. Son habladores y muy comunicativos, tienen una gran capacidad de vocalización y entienden más de 100 palabras. Son poseedores de un poderoso aullido que llega a escucharse a unos 15 km de distancia.

Caniche: eran los perros de compañía de los cortesanos de Luis XVI en Francia, en el siglo XVIII. Tiene varias subrazas con sus características que las distinguen. En forma general se puede decir que se distinguen 4 variedades de caniches diferentes: Caniche estándar o grande, caniche mediano, caniche enano y caniche toy. En todos los casos, su pelaje varía entre negro, blanco, marrón, gris, anaranjado y rojizo. En todos los casos es abundante, lanoso y rizado.

El caniche grande o poodle estándar, es el original y el primero en aparecer. Fue el perro que acompañó a la nobleza europea por siglos. Tiene una altura que va desde los 45 cm a los 60 cm. Su peso oscila entre 16 kg a 22 kg. Tienen una expectativa de vida de 16 años si reciben los cuidados necesarios.

El caniche mediano o poodle mediano, es un poco más pequeño que el anterior y se lo suele confundir con el anterior cuando no se conoce la raza en profundidad. Mide entre 35 cm a 45 cm y pesa entre 7 y 12 kg.

El caniche enano o poodle mini, es un poco menor en tamaño, llegando a 28 cm con un peso que varía entre 4 kg a 7 kg. Es llamativo en esta raza el hecho de que los diferentes tamaños mantienen las proporciones de forma exacta. Este tamaño es el más longevo de los cuatro.

El caniche toy o poodle toy es la última variedad que se creó y los genetistas tuvieron que trabajar intensamente para lograrla. Sobre todo, para conseguir que la variedad tenga buena salud por las complicaciones que puede traer el enanismo. Mide unos 24 cm y pesa apenas 2,5 kg.

Golden Retriever: es un perro con grandes cualidades además de su belleza. Su carácter es naturalmente equilibrado y es muy inteligente. Sus orígenes se remontan al Reino Unido en el siglo XIX, utilizándose para compañía, caza o asistencia. Los primeros fueron presentados en exhibición en el año 1908. Son animales tranquilos, muy amables, para nada agresivos y especialmente buenos con los niños y todas sus ocurrencias. Están muy bien adaptados a la vida en la ciudad, pero también son muy felices en zonas rurales. Son excelentes para todo tipo de entrenamiento y gustan del ejercicio físico.

Su aspecto físico se destaca por el color tan particular de su pelaje que varía entre el color crema y el dorado. Su tamaño es mediano y llegan a vivir unos 15 años, su peso oscila entre 27 kg a 36 kg.

Su forma tranquila y amable de relacionarse con los seres humanos, lo lleva a ser un animal ideal para terapias tanto físicas como psicológicas. Son dóciles, cariñosos y muy leales con sus dueños. Tiene una gran capacidad de adaptación por lo que será ideal para todo tipo de familia y para todo tipo de entorno natural.

Pointer: es una raza mediana con origen en el siglo XVII en Gran Bretaña. Es un animal delgado, muy elegante con una gran personalidad e inteligencia. Su pelaje es corto y presenta manchas color café o rojizas. Es un perro de caza, muy veloz, con grandes facultades para adentrarse en los campos y encontrar presas. Es inigualable en su función de cazador, su capacidad olfativa es grandiosa y su pasión por la actividad es desbordante. Suele llamarse al pointer el Rey del viento porque tiene un verdadero fuego en los ojos y en la sangre y es necesario un dueño capaz de estar al nivel de este perro porque no es para todas las personas, al margen de que es un animal que necesita un gran entrenamiento.

Labrador: es un perro ideal para el trabajo que también sabe acompañar a su dueño. Hay muchas variedades de labradores y se debe a que se ha experimentado en busca del mejor resultado. Es un animal para pastoreo, vigilancia, caza y también para compañía de sus dueños. Es cariñoso, dócil, leal, para nada agresivo y también se los utiliza para la exposición. Requiere entrenamiento para alcanzar sus potencialidades.

El labrador americano es el labrador de trabajo y el labrador inglés es el de exposición y destinados también a ser animales de compañía. El americano es mucho más estilizado y atlético que el inglés. También es mucho más activo y enérgico necesitando realizar ejercicios físicos en forma diaria.

Esta predisposición del americano por encima del inglés es porque ha sido desarrollado para las tareas de trabajo y de caza en forma genética. Es por eso que el americano es más inquieto y se necesita un adiestrador experto para controlarlo.

El labrador inglés, al ser utilizado para compañía o exposición, tienen de por sí un carácter más tranquilo y llevadero. Por ser de exposición es el que más ha mantenido su porte tradicional propio de la raza. Es un perro de maduración tardía por lo que su adultez se posterga en el tiempo y sus proporciones finales se logran también de forma tardía.

El labrador canadiense si bien no tiene diferencias físicas tiene diferencias históricas ya que la raza labrador retriever proviene de Canadá. Es el labrador original de donde nacieron los primeros ejemplares en el siglo XVI. Su pelaje es corto y puede tener los siguientes colores: negro, blanco, blanco con manchas marrones, gris, hígado o chocolate y el amarillo. El color más buscado es el chocolate ya que hace que el perro luzca muy interesante.

Boxer: es una raza proveniente de Alemania, de tamaño mediano casi grande que se origina en el siglo XVIII a partir del cruce del bulldog con el bullenbeisser. Los boxers son populares y buscados por su carácter amigable y divertido y su belleza particular. Cuando tiene una buena socialización, el boxer es un excelente compañero de juegos para niños y, además, resulta una gran protección para ellos.

Es una raza que no tiene variedades o subrazas, las diferencias que se pueden llegar a notar en las razas de diferentes países tienen que ver con aspectos de mezclas que se han realizado. Estas mezclas se las considera separadamente de la raza y no como una subparte de ella. Por eso, el boxer alemán es considerado el boxer por excelencia. Son robustos con huesos grandes y densos y una gran musculatura. El boxer inglés es más esbelto y atlético. Su cuerpo estilizado tiene una musculatura más alargada permitiendo movimientos más ágiles. El boxer americano fue el último en desarrollarse y se caracteriza por no tener arrugas, además de tener un pelaje bien brillante.

Setter irlandés rojo: es uno de los perros más hermosos que existen, además de presentar un gran glamour debido al pelaje característico y a su figura esbelta y apolínea. Es un perro que se utiliza en exposición y también como perro de caza. Necesita de un buen entrenador para que desarrolle todo su potencial. Son animales independientes, sociables, curiosos, cariñosos, muy activos y amigables con los niños. Originario de Gran Bretaña se comenzó su crianza en el siglo XV. Su hocico es largo y bien definido, tiene ojos brillantes y oscuros con una mirada expresiva. El cuello es largo y musculoso y el pecho es ancho y profundo. La cola es mediana y la mantiene siguiendo la dirección de su lomo. El pelaje es largo y ligeramente ondulado, cayendo como si tuviera flecos.

CONCLUSIÓN

Cuando un perro llega al hogar se transforma en un miembro más de la familia. Pero a veces entenderse con el animal no es sencillo y la razón es que se trata de dos especies diferentes que ven el mundo de forma distinta e interactúan con sus propias reglas. Por eso, el entendimiento es un proceso de aprendizaje.

Es fundamental entender las diferencias y compatibilizarlas para que la convivencia sea armónica. Como punto de partida recuerda que el perro tiene una organización social natural en manada y que responden a un líder. Ese puesto de liderazgo no puede ser ocupado por el perro, sino que tiene que estar dirigido al dueño y los miembros de la familia.

Este líder no tiene por qué ser autoritario ni déspota ni agresivo con el animal, sino que simplemente tiene que ser firme y no dar lugar a dudas en lo que solicita. Es por eso, que cuando se le da una orden al canino se tiene que llegar hasta el final con ella, para que no quede en un comportamiento ambiguo donde sucede que "pido, pero después me arrepiento". Este tipo de actitud causa desorientación y el animal puede utilizarla para subir al puesto de liderazgo.

Entender cómo funciona el mundo para el perro y qué dice con su lenguaje corporal es fundamental para lograr una buena relación. Aunque no tengan un lenguaje similar al ser humano, es posible entenderse con ellos sabiendo qué significa su lenguaje corporal.

Los ojos del perro son muy expresivos y cuando hace contacto visual directo significa que se siente fuerte y seguro. Si el perro desvía la mirada puede indicar indiferencia al contacto que se está buscando y si sus pupilas se dilatan, están sintiendo miedo.

Las orejas también son indicativas de lo que le sucede. Si están gachas, significa que el animal está tranquilo y cuando las eleva es que se puso alerta y está prestando atención a lo que sucede.

Si toca con las patas a su dueño es un gesto que indica que requiere la atención de él. Si extiende sus patas delanteras, eleva la cola y la grupa, está indicando que quiere jugar y que se siente feliz. Si el perro se inmoviliza puede indicar que se puso tenso ya sea por estar atendiendo a lo que está pasando o porque la situación le produce miedo.

El jadeo o el resuello indica que quiere jugar porque le emociona la compañía de la persona con quien está. Cuando cierra la boca y la pone tensa, indica que está preocupado y si su boca está cerrada y relajada, significa que está tranquilo. Si el pelo de su cuello y de su grupa se eriza significa que está excitado porque se asustó o porque está siendo desafiado por otro perro.

Los perros y las personas tienen diferentes lenguajes, pero pueden llegar a entenderse muy bien, sobre todo cuando se unen por lazos de amistad y compañerismo.

111

Gracias por haber elegido mi libro para aprender a adiestrar al nuevo miembro de tu familia. Espero que hayas disfrutado de este viaje.

Si te ha gustado lo que has leído, me encantaría contar con tu opinión y valoración positiva en la página donde lo compraste, porque así me ayudas a llegar a más personas y a tener un impacto positivo en sus vidas.
¡Nos vemos en el siguiente libro!

Un abrazo,
Ben Martin.